中/华/少/年/信/仰/教/育

万里长城的故事

中华少年信仰教育读本编写委员会 / 编著

信仰创造英雄　信仰照亮人生

中国出版集团有限公司

世界图书出版公司
北京　广州　上海　西安

图书在版编目（CIP）数据

万里长城的故事 / 中华少年信仰教育读本编写委员会编著 . — 北京：世界图书出版公司，2016.5（2024.5 重印）
ISBN 978-7-5192-0881-3

Ⅰ. ①万… Ⅱ. ①中… Ⅲ. ①长城—青少年读物 Ⅳ. ① K928.77-49

中国版本图书馆 CIP 数据核字 (2016) 第 049121 号

书　　名	万里长城的故事 WANLICHANGCHENG DE GUSHI
编　　著	中华少年信仰教育读本编写委员会
总 策 划	吴　迪
责任编辑	王　鑫
特约编辑	邰迪新
出版发行	世界图书出版有限公司北京分公司
地　　址	北京市东城区朝内大街 137 号
邮　　编	100010
电　　话	010-64033507（总编室）　　（售后）0431-80787855　　13894825720
网　　址	http://www.wpcbj.com.cn
邮　　箱	wpcbjst@vip.163.com
销　　售	新华书店及各大平台
印　　刷	北京一鑫印务有限责任公司
开　　本	165 mm×230 mm　1/16
印　　张	11.5
字　　数	150 千字
版　　次	2016 年 8 月第 1 版
印　　次	2024 年 5 月第 5 次印刷
国际书号	ISBN 978-7-5192-0881-3
定　　价	45.00 元

版权所有　翻印必究

（如发现印装质量问题或侵权线索，请与所购图书销售部门联系或调换）

序　言

信仰是什么？

列夫·托尔斯泰说："信仰是人生的动力。"

诗人惠特曼说："没有信仰，则没有名副其实的品行和生命；没有信仰，则没有名副其实的国土。"

信仰主要是指人们对某种理论、学说、主义或宗教的极度尊崇和信服，并把它作为自己的精神寄托和行动的榜样或指南。信仰在心理上表现为对某种事物或目标的向往、仰慕和追求，在行为上表现为在这种精神力量的支配下去解释、改造自然界和人类社会。

信仰，是一个人在任何时候都不能丢的最宝贵的精神力量。人有信仰，才会有希望、有力量，才会树立正确的价值观，沿着正确的道路前行，而不至于在多元的价值观和纷繁复杂的世界中迷失方向。

信仰一旦形成，会对人类和社会产生长期的影响。青少年是社会的希望和未来的建设者，让他们从普适意识形成之初就接受良好的信仰教育，可以令信仰更具持久性和深刻性，可以使他们在未来立足于社会而不败，亦可以使我们的伟大祖国永远立于世界民族之林。

事实上，信仰教育绝不是抽象的、概念化的教育，现实生活中，我们有无数可以借鉴的素材，它们是具体的、形象的、有形的、活生生的，甚至是有血有肉的。我们中华民族有着几千年的辉煌历史，多少仁人志士只为追求真理、捍卫真理，赴汤蹈火，前仆后继；多少文人骚客只为争取心中的一方净土，只为渴求心灵的自由逍遥，甘于寂寞，成就美名；多少爱国志士只为一个"义"字，不惜抛头颅、洒热血。他们如滚滚长江中的朵朵浪花，翻滚激荡，生生不息，荡人心魄。如果我们能继承和发扬这些精神和信仰，用"道"约束自己的行为，用"德"指导人生的方向，那么我们的文明必将更加灿烂，我们的国运必将更加昌盛。

正基于此，"中华少年信仰教育读本系列丛书"应运而生。除上述内容外，本丛书还收录了中国人民百年来反对外来侵略和压迫，反抗腐朽统治，争取民族独立和解放，前赴后继，浴血奋斗的精神和业绩，尤其是中国共产党领导全国人民为建立新中国而英勇奋斗的崇高精神和光辉业绩；不仅有中国历史上涌现出的著名爱国者、民族英雄、革命先烈和杰出人物，还有新中国成立以后涌现出的许许多多的英雄模范人物。

阅读这套丛书，能帮助青少年树立自己人生的良好的偶像观，能帮助青少年从小立下伟大的志向，能帮助青少年培养最基本的向善心，能帮助青少年自觉调节自己的行为，能帮助青少年锁定努力的方向，能帮助青少年增加行动的信心和勇气。

习近平总书记说："人民有信仰，民族才有希望，国家才有力量。"因此我们有理由相信：少年有信仰，国家必有希望。

中华少年信仰教育读本编写委员会

目录

第一章　战国：历史的见证 / 001

从烽火台说起 / 002

齐桓公的筑防 / 004

中原长城 / 006

赵武灵王的国防建设 / 008

纵贯恒心 / 010

易水长城 / 011

高山大河建"方城" / 013

秦昭王长城 / 014

第二章　秦始皇万里长城 / 017

万里长城 / 017

千秋功与过 / 020

第三章　汉代长城：不教胡马度阴山 / 024

汉初年与匈奴的战争 / 024

大破匈奴筑长城 / 028

南北朝长城 / 034

第四章　唐宋长城开放的盛世 / 040

隋文帝修而不建 / 040

唐太宗不修胜于修 / 043

宋长城：雄关漫道真如铁 / 046

第五章　明代：万里长城永不倒 / 049

大明王朝的边患 / 049

九边重镇 / 057

南方长城 / 066

第六章　清代：众志成城 / 068

康熙帝在德不在险 / 068

内乱无长城 / 071

龙兴之地的长城 / 073

第七章　伟大的人造工程 / 075

防御的城墙 / 075

城墙上的设施 / 079

保障的系统 / 086

第八章　不到长城非好汉 / 092

曾被人遗忘的虎山长城 / 092

天险要隘 / 094

板厂峪长城 / 096

悲壮的记忆 / 099

长城博物馆 / 102

八达岭长城 / 106

慕田峪长城 / 109

第九章　天下雄关 / 113

天下第一关 / 113

蓟北雁门 / 118

门掩山河居庸关 / 121

兵家必争紫荆关 / 128

平阳公主——娘子关 / 129

半卷红旗——雁门关 / 133

抗日胜地——平型关 / 139

天下第一雄关——嘉峪关 / 141

第十章　诗说长城 / 148

胡风夜夜吹边月 / 149

饮马长城窟行 / 151

边塞诗情 / 153

孟姜女哭长城的传说 / 161

玉门关的由来 / 164

"五桂头"与"五鬼头" / 165

嘉峪关的故事 / 167

媳妇楼 / 168

赤木口的传说 / 170

罗城上的印模砖 / 173

二郎神赶羊 / 174

"秃尾巴边"长城的传说 / 175

万年灰与燕京城 / 176

第一章 战国：历史的见证

长城是世界建筑史上的杰作。它翻山越岭，盘踞在重峦叠嶂之间，蜿蜒在草原沙漠之上，宛若一条巨龙，飞腾于辽阔的中华大地上。长城不单纯是历史古迹，还是中华民族抵御强敌、向往和平的象征。

长城气势磅礴，坚固雄伟，既是智慧的结晶、文明的缩影、历史的见证，也是中华民族的骄傲，更是一道神奇的风景。它是一种象形文字，是一种极富感染力的语言，是一部内涵丰富的巨书，永远珍藏在我们每个中华儿女的心中……

从烽火台说起

长城有着悠久的历史，距今已经有两千多年。长城开始修建于公元前 7 世纪前后，处于我国历史上的战国时期。

早在公元前 11 世纪，周武王攻破商朝建立周朝后，开始大规模地分封诸侯。此后，除王室外，各诸侯也纷纷筑城，以巩固其统治。

公元前 782 年，周幽王继承王位。他昏庸无道，不理朝政，宠爱美人褒姒，过着荒淫奢侈的生活。褒姒生得十分貌美，却冷若冰霜，自进宫以来就从来不笑。周幽王为了取悦这个冷美人，想了各种办法，褒姒仍然不笑。为此，幽王竟然悬赏求计，谁能引得褒姒一笑，赏金千两。这时有个佞臣叫虢石父，替周幽王想了一个主意，提议用烽火台一试。

烽火本是古代敌寇侵犯时的紧急军事报警信号，由国都到边镇要塞，沿途遍设烽火台。西周为了防备西北的少数民族犬戎的侵扰，在镐京附近的骊山（今陕西临潼东南）一带修筑了几十座烽火台，

每隔几里地就有一座。一旦犬戎来袭，首先发现的哨兵立刻在台上点燃烽火，邻近烽火台也相继点火，并击鼓向附近的诸侯报警。诸侯见烽火点燃，知道京城告急，天子有难，必须起兵赶来救驾。虢石父献计令烽火台平白无故点起烽火，招引诸侯前来白跑一趟，以此逗引褒姒发笑。

昏庸的周幽王竟然采纳了虢石父的建议，马上带着褒姒，由虢石父陪同登上了骊山烽火台，命令守兵点燃烽火。半夜里突然火光冲天，邻近的诸侯见烽火点燃，赶紧带着兵马跑到京城。可到了骊山脚下，连一个敌兵的影子也没有看到，只听到山上一阵阵奏乐和唱歌的声音，原来是周幽王和褒姒高坐台上饮酒作乐。周幽王派人告诉他们说，大家辛苦了，这儿没什么事，不过是大王和王妃点亮烟火取乐。诸侯们这才知道受了大王的戏耍，十分愤怒，各自带兵回去了。褒姒见千军万马招之即来，挥之即去，如同儿戏一般，觉得十分有趣，"乃大笑"。周幽王大喜，立刻赏虢石父千金，后来又数次为褒姒点燃烽火取乐。

随着周幽王日益宠爱褒姒以及她所生的儿子，终于在公元前771年，周幽王废掉了申后和太子宜臼，改立褒姒为后，其子伯服为太子，并下令废去申后的父亲申侯的爵位，还准备出兵攻伐他。这一下惹恼了申侯，他联合犬戎攻杀周幽王。犬戎迅速向镐京（今

003

陕西西安）进攻。周幽王听到犬戎大军杀来的消息，惊慌失措，急忙命令烽火台点燃烽火。烽火虽然燃烧起来了，可是诸侯们因以前受了愚弄，没有人再相信烽火的示警作用了，这次都不再理会。犬戎兵马蜂拥入城，周幽王被杀，褒姒也死于乱军之中（一说被俘）。

第二年，一些诸侯立宜臼为天子，也就是周平王。周平王即位后，向东迁都至洛邑（今河南洛阳附近）。因此历史上将周平王以前的周朝称"西周"，东迁洛邑以后的周朝称"东周"。

随着周王室的衰落，诸侯国纷纷强大起来。进入战国时期后，铁器普遍使用，促进了生产力的发展，推动了生产关系由奴隶主所有制向封建地主所有制的变革，导致奴隶社会向封建社会转化。新兴地主阶级开始夺取政权，并实行变法，从而促进了地主政权的巩固，推动了封建地主经济的发展。秦、楚、齐、燕、韩、赵、魏等几个大的诸侯国开始掠夺其他国家的土地和人口，兼并战争愈演愈烈。为了防御邻国的侵略，各诸侯国不惜耗费巨资，纷纷在边境上修筑长城。另外，还有一些小国如中山国（位于河北中部）也修筑起长城。这些都是中国最早出现的长城。

遗憾的是，战国时期各诸侯国修筑的长城，由于年代久远，废弃倾圮，已经消失在历史的长河中。现在我们已经很难找到它们的踪影。而且秦始皇还下令拆除了一些关隘，使遗迹更加难以寻找。后人只能通过史料记载和考古工作对这些长城的具体位置与情况进行调查和研究。

齐桓公的筑防

齐国位于山东省北部，是公元前11世纪周武王分封的诸侯国之一。西周时期，周文王四处求贤时，见吕尚（因有功被赐姓姜，即后世所称的姜尚、姜子牙）有定国安邦的才干，便尊吕尚为师。

在吕尚的辅佐下，周文王的儿子周武王终于攻灭了商朝，建立周朝。周武王论功行赏，封吕尚于齐，建都营丘（后称临淄，今山东省淄博北）。

齐国东临渤海，西面与赵国相接，南面与楚国、鲁国、宋国相邻，北面隔海与燕国相望。齐国土地肥沃，又可捕鱼晒盐，在西周和东周时期都算得上大国。

春秋初期，齐桓公任命管仲为相，改革朝政。从此国家日益富强，吞并了一些邻国，疆土不断扩大，齐国一度成了华夏各国中最强大的国家。

齐桓公七年（公元前679年），齐国开始称霸。这时，楚国也在长江、汉水一带强大起来，有与齐国争霸的野心。齐桓公三十年（公元前656年），齐桓公亲率齐、鲁、宋、陈、卫、郑、许、曹8国联合伐楚。大军进至召陵（今河南省郾城县东）时，楚成王派使者到军前讲和，齐桓公退兵。

齐桓公这次联合多国伐楚，暂时达到了阻止楚国北进的目的。为了防止楚国的进攻，齐国开始修筑长城。齐国长城是利用原有的堤防连接山脉陆续扩建而成的。至于齐长城起始的地点和经过的地段，历史文献上记载得也很清楚。《水经注》上说："汶水，出朱虚县泰山，山上有长城，西接岱山，东连琅玡（琅琊）巨海，千有余里。"同时在《泰山道里记》等史料中也对齐长城所经过的地方有所记载：齐长城西起今天的山东平阴县北，向东经泰安西北，莱芜县北，章丘县南，淄川县西南，临朐县南，安丘县西南，诸城县南，琅琊台北至胶县南的大珠山东入海。

公元前350年，齐国又曾"筑防以为长城"，也就是将河堤改筑成长城。这表明随着兼并战争的日益激烈，齐国又进行了长城的扩展工程，使长城加长、加固，发挥更大的国防屏障作用。

齐国长城是战国时期长城遗址保存较多的一处。现今齐长城遗迹在山东境内经过的地方还隐约可以看出，有一些地点还保存着城墙的遗址。

中原长城

魏国是西周时分封的诸侯国，在今河南、陕西境内，姬姓。西与秦国接壤，北与赵国交错，东部与齐国相邻，南面有韩国、楚国。国都在安邑（今山西夏县），魏惠王时因安邑与秦国离得太近，受到秦的威胁，迁都大梁（今河南开封）。

早在晋献公十六年（公元前661年），魏国被晋国攻灭。晋献公将这片土地分给大夫毕万，毕万即为魏国的先人。战国初年，毕万后裔魏文侯反倒和赵国、韩国一起把晋国瓜分了（史称三家分晋）。

周威烈王二十三年（公元前403年），魏文侯被周王承认为诸侯，建都安邑。魏文侯即位后，实行变法，进行封建改革，重用西门豹、李悝等人，兴修水利，发展生产，取得了很大的成绩，使魏国成为战国初期的强国之一。

魏文侯三十三年（公元前413年），魏国大举进攻秦国，一直打到郑国（今陕西省华县）。第二年，魏国大军又占领秦国的繁庞（今陕西省韩城东南）。魏文侯三十七年（公元前409年），魏国大将吴起率兵攻取秦国的临晋（今陕西省大荔东）、元里（今陕西省澄城南）、洛阴（今陕西省大荔西）等地。

魏国和秦国本以黄河为界，魏国在河西原来只有少梁一城。在取得了上述几座城池后，河西之地就全部归魏国所有了。

秦献公即位后，秦国实行了一些改革，国力大大加强，于魏惠王四年（公元前366年），出兵向韩魏联军进攻，大败韩魏于洛阴。

魏惠王六年（公元前364年），秦国深入河东，在石门（今山西运城西南）和魏军大战，"斩首6万"，大获全胜。魏惠王八年（公元前362年），魏国同韩赵两国发生大战。秦国趁机向魏国进攻，在少梁大败魏军。秦国攻取繁庞城，迫使魏国迁都大梁。

魏国处于中原腹地，四面受敌，至惠王时，国势渐衰，正如惠王对孟子所说的"及寡人之身，东败于齐……西丧地于秦七百里，南辱于楚，寡人耻之"。尤其是西边的强秦屡战屡胜，攻城略地，并掳走太子，严重地威胁到魏国西部的安全。为了巩固河西之地，魏国派大将龙贾沿洛水修了一道长城，即魏国河西长城。这道长城由洛水的堤防扩建而成，南起于郑国（今陕西省华县），越渭水，经今大荔、洛川等县，沿洛水东岸北上。由于其位置偏于魏国西部，因此也被称为"魏国西长城"。

后来，为加强国都大梁的防务，魏国又在大梁以西、黄河以南筑了一道南长城，又称"中原长城"。这条长城从卷（今河南原阳西）开始，经阳武（今原阳县东南）一直到密（今河南密县东北）。由于这条长城位于魏国南部，故称"魏国南长城"。

魏国修筑长城的战略意图是为了抵挡秦国东进，保家卫国，但最终还是于公元前225年为秦所灭。

赵武灵王的国防建设

据记载，赵国开国君主赵烈侯是晋大夫赵衰的后代。赵国疆域含今山西大部分、陕西东北角、河北西南部，东与中山、齐接壤，南和西与魏、韩、秦犬牙交错，北接林胡、楼烦，东北与燕、东胡毗邻。

战国初年，赵烈侯和魏国、韩国一起瓜分了晋国。周威烈王二十三年（公元前403年），赵烈侯被周威烈王承认为诸侯，建都晋阳（今山西省太原东南）。周安王十六年（公元前386年），赵国迁都邯郸（今河北）。

这时，赵国北方的匈奴东胡族已由互不统属的氏族部落逐渐聚集，形成较大的部落联盟，其势力控制了赵、秦、燕三国的北部边境。周赧王十三年（公元前302年），赵武灵王发愤图强，勇于变革，改穿胡服，学习骑射，极大地加强了国防力量。赵国先是攻灭了中山国，后来又打败了林胡、楼烦，占有今河北北部、山西北部和河套广大地区。

据考证，赵国长城有三道：赵肃侯所筑南北长城两道和赵武灵王所筑赵国北长城一道。两道赵国北长城均用于防御东胡。后来赵武灵王驱胡扩地，势力北进至内蒙古大青山一带，所以赵肃侯时所筑的北长城

后来已属赵国内地了。

赵武灵王所筑的长城在赵国北部边境，所以称赵北长城，筑于赵武灵王二十六年（公元前299年）和二十七年（公元前300年）之间。据《史记·匈奴列传》记载，赵武灵王十九年（公元前307年），赵国因实行改革，士兵练习骑射，军力大增，击破了林胡、楼烦，"攘地北至燕、代，西至云中、九原"，于是设了云中、雁门、代三个郡，并在这三郡以北筑起一道长城。

在云中郡，武灵王建了一座重要的边塞城——云中城，其筑城和得名还有一段传说。据传，赵王原想在黄河西岸建城，但一建起来就崩塌，总是筑不起来，于是经过占卜改到阴山河曲之地，并向上天祈祷。突然见到成群的仙鹤游于云中，徘徊飞翔，又见火光在鹤群下映衬得非常壮观。赵王十分惊喜，认为这是祥瑞的兆头，于是在这里建城，名为"云中城"。城址就在今天内蒙古自治区托克托县东北部古城村附近。

雁门郡位于今山西省西北部，这一带群峰起伏，异常险要，是易守难攻的军事要冲。

代郡位于赵国的北境，今山西省东北部和河北省西北部，这里原是古时代国的领土。代国的故城就在今天河北省蔚县境内，代国是北狄建立的小国。赵襄子（赵国建立前晋国赵氏的封君之一）的姐姐曾嫁给代国的首领，成为代王夫人。一次，襄子到夏屋山（今山西代县东北），请代王相见。代王毫无戒备地前来赴会。在酒宴上，襄子早已设了埋伏陷阱，命斟酒的人在行斟时，趁机用斟酒用的铜勺刺杀代王，并发兵夺取代国，使其隶属于赵氏。襄子派使者迎回自己的姐姐，而代王夫人悲痛得呼天哭泣，并说："以弟慢夫，非仁也；以夫怨弟，非义也。"于是她取下头上佩戴的笄自杀而死。代国百姓十分哀怜代王夫人，将她去世的地方取名为摩笄之山。

近些年来，考古工作者们在内蒙古自治区的大青山、乌拉山和狼山之间发现了赵武灵王所筑的北长城遗址。赵北长城大体上有前后两条：一条在今内蒙古乌加河以北，沿今狼山一带修筑；另一条从今内蒙古乌拉特旗向东，经包头市北，沿乌拉山向东，经呼和浩特北、卓资和集宁市南，至今河北省张北县南。赵北长城是用土石筑成，现存遗址高一米至两米不等。

赵国的南长城主要用于防御魏国。魏国都城大梁距赵国都城邯郸只有数百里，魏国重镇邺城距邯郸不足百里。这对赵国的威胁极大。赵肃侯即位后，为防御魏国，依漳河、滏阳河天险修筑了长城，是由漳河、滏阳河的堤防连接扩建而成的，自今河北武安西南起，沿漳水经今磁县到今肥乡县南。

纵贯恒心

中山国是春秋战国时白狄鲜虞所建的一个小国，地处太行山东的燕、赵之间，位于今天的河北省西南部平山、灵寿、行唐、定县、正定、石家庄一带，东邻燕，其他三面为赵所包围，国都原在"顾"（今河北定县）这个地方，后迁到了灵寿（今河北灵寿城西南约10公里处）。

关于中山国，史书中只有零星和分散的记载，中山国的前身是北方狄族鲜虞部落，最早时在陕北绥德一带，后来逐渐转移到太行山区。公元前414年，中山武公始建国。因为是北方少数民族建立的国家，风俗与中原不同。现今出土的器物中有游牧民族特点的双耳铜釜、扁方壶、兽首青铜短剑和金腕饰、嵌松石金质虎形牌饰，充分反映了北方游牧文化与华夏诸国文化的交流与影响。

因为中山国是嵌在燕赵之间的一个蛮夷"小国"，所以在经历的戎狄、鲜虞和中山三个发展阶段里，每个阶段都被中原诸国视为心腹大患，先后遭到晋国、魏国、赵国的攻打。早在公元前408年，立国仅7年的中山国就被魏国所灭。中山国落入魏国手中，对赵国非常不利，因此赵国帮助中山桓公复国。中山桓公也励精图治，大约在公元前378年，终于复国。也就在这期间，中山把国都迁往灵寿。但中山国的日渐强盛，对赵国又造成了威胁，于是赵国开始攻打中山国。据《史记·赵世家》记载，中山国为了保卫自己，建起了一道长城："成侯六年（公元前369年），中山筑长城。"这道长城主要用于防御赵国，其次是魏国。

中山国虽非诸侯大国，却敢于与大国对抗。《战国策》上说："中山曾全民奋起迎战燕国和赵国，南战于长子（今河北省临城），败赵国；北战于中山，克燕军，杀燕将领。"中山国以"千乘"之国，对付两个"万乘"大国，而能连战连捷，可见复国后中山国的士气。赵国视其为心腹之患也在情理之中。公元前296年，中山国终于被赵国所灭。

根据《汉书·地理志》《括地志》等史料记载，中山长城的位置在今河北、山西交界的地区，纵贯恒山，从太行山南下，经龙泉、倒马、井陉、娘子关、固关以至于邢台黄泽关以南的明水岭大岭口，全长500多里。

易水长城

燕国是公元前11世纪周武王分封的诸侯国之一，国君姬姓，是西周宗室召公之后。燕国位于今河北省北部、辽宁省西部，全境建都于蓟（今北京西南），又以武阳（今河北省易县南）为下都。燕太子丹遣荆轲刺秦王，送别荆轲时的悲歌"风萧萧兮易水寒，壮士一去兮不复还"，即演于燕下都的易水之滨。

燕居七国的东北部，国力较强，版图很大。东濒大海，倒是天然屏障，南接齐国、赵国，与齐国常有争战，北面常有胡人南下骚扰，且西面有强秦正在崛起，时时都有东进称霸的野心。中间虽有赵国相隔，但赵国也常在秦国的驱使下进犯燕国。因此修筑长城抵御边患是十分必要的。

说起燕国与齐国的争斗由来已久。周慎靓王五年（公元前316），燕王哙要效法尧以天下让与许由的故事，将燕王的君位"禅让"给相国子之，并命令地方官凡是俸禄在三百石以上的都将印信缴回，由子之颁行。子之主执王事，执掌了燕国军政大权。

燕王实行禅让，这在春秋战国时代是绝无仅有的事情，因此遭到了太子平和一些大臣的反对。第二年，燕国发生大乱，一位名叫市被的将军和太子结党聚众，谋划攻击子之。市被领兵包围子之的住所，双方相持很久，始终未能攻克。百姓起而反攻太子平，杀死将军市被。这次内乱长达数月之久。内乱期间，中山国乘机进攻，攻占方圆数百里的地方和几十座城邑，使燕国遭受很大损失。齐国也乘燕国内乱之际攻燕国，燕王哙、相国子之和太子平都死于战乱。从此，燕齐两国结下深仇。

周赧王元年（公元前314），赵送燕国公子职（平的弟弟）入燕为王，是为燕昭王。燕昭王求士，后乐毅、剧辛、苏秦等来到燕，使燕国得以复国。燕昭王二十七年（公元前208年），为了报仇雪恨，燕昭王任命乐毅为大将，联合各诸侯国攻破齐国，占领齐国70余座城池。

燕昭王去世后，燕国又被齐国打败，所占之地全部丧失。燕齐两国长期发生战争，为了防御齐国，燕国修筑了南长城。

这时，秦国已逐渐壮大，不断扩张，威胁燕境。因此，燕国南长城也用于防御秦军的进攻。燕国南长城由易水的堤防扩建而成，也称"易水长城"。

燕国南长城从今河北易县西南筑起，经汾门（今河北徐水县西易水之北），沿南易水和滱水向东南，经徐水、雄县至大城县西南。

为了抵御北方民族入侵，燕国还修了一道北长城。近些年来，考古工作者在内蒙古多伦、赤峰及河北省围场县等地发现多处燕国北长城遗址。

高山大河建"方城"

楚人是华夏族南迁的一支，最早兴起于汉江流域的丹水和淅水交汇的淅川一带，其国君为熊氏。西周时，楚国立国于荆山一带，建都丹阳（今湖北秭归东南）。后来，楚国迁都于郢（今湖北江陵西北纪南城）。楚国常与周王朝发生战争。西周衰落后，楚国在长江、汉水一带强大起来。

春秋初期，楚国征服了周围许多小国，继而又打败了周武王分封的一些北方小国，矛头直指中原。在齐桓公称霸中原时，楚国尚不能与齐国抗衡。齐桓公死后，公元前638年冬天，楚国在泓水（今河南柘城县西）打败宋襄公，控制了黄河流域的许多中小国家。从此，楚国代替齐国称霸中原。

春秋初期，楚国同秦国很少发生正面冲突。秦穆公以前，秦国尚无力向关中以外地区发展。后来，秦国向东发展时，首先遇到的障碍是晋国而不是楚国。因此，楚国修筑长城的最初意图在于防御晋国和齐国。春秋末期，楚国国力不振，秦国日益强大起来。这时，楚国修筑长城是为了防御秦国。

楚国长城形状如矩，称方城，由邓县东北起，沿镇平县向北，由南召县西北方向转向东，至鲁山县南，然后由叶县西南转，循方城县与舞阳县至泌阳县。楚国长城利用山脉高地连接大河堤防筑成，因此楚国长城也称"连堤"。进入战国后，楚国对长城进行了扩建，用于防秦，具有重要的军事价值。

《左传》中就有关于"方城"的记载：楚成王十六年（公元前656年），齐国要进兵攻打楚国，军队已经进发到了这个地方，楚成王派屈完去迎敌。到了召陵，屈完对齐侯说，你如果想要真正开战，楚国有方城可以作为城防，有汉水作为城池，足可以抵挡一段时间。齐侯见楚国防御果然坚固，不敢硬攻，只好收兵而去。

秦昭王长城

秦国嬴姓，相传是伯益的后代。在春秋时期建都于雍（今陕西凤翔东南），领地占有今陕西中部和甘肃东南部。秦崛起于西北戎地，传到秦仲时，被周宣王封为大夫。西周末年，犬戎与申侯伐周，杀周幽王，秦襄公领兵救周有功，并因护送周平王迁都洛阳，被周平王封为诸侯。

对秦国威胁最大的是东方的晋国和后来的魏、韩两国，尤以魏国为最。战国时期秦国曾筑两道长城：一道为秦厉共公至秦简公时期所筑，魏军攻占河西后，秦国沿洛水西岸筑长城以自保，秦国在洛水所筑长城早于魏国在洛水所筑的长城近百年，当时秦国尚弱，为了抵御魏军，不得不筑长城。而另一段长城是秦昭王攻灭西北少数民族义渠后所筑，一方面用来抵挡前来复仇的义渠戎后人，另一方面是抵御北方匈奴的入侵。

秦是在与西戎的斗争中不断壮大的，西戎中义渠最大，到秦惠文王时，义渠戎的势力有所增强，曾于秦惠文王三年（公元前335年）大败秦军。周慎靓王三年（公

元前318年），六国联合伐秦，义渠戎又趁机向秦国进攻，并取得胜利。秦惠文王十一年（公元前314年），秦军进攻义渠戎，因力量有限，只攻占数城便收兵了。

义渠戎成了秦国的边患，秦国一直耿耿于怀。周赧王四十三年（公元前272年），秦宣太后在甘泉宫诱杀了义渠王。接着，秦昭王起兵灭了义渠戎，在其地设置陇西、北地、上郡。

西戎中除去义渠，其他诸戎都分散居于山谷间，不能对秦构成威胁。因此，在战国中期以后，对秦的西、北边境有强大威胁的是匈奴等游牧民族。

自春秋中叶以来，中国北疆阴山山脉一带居住着薰育、猃狁、楼烦、林胡、东胡、匈奴等游牧民族，以匈奴最为强大。匈奴居于我国的北部，以畜牧为业，过着随畜移徙、逐水草而居的生活，不定居，也没有城郭，各部落时大时小，没有文字，以言语为约束。他们食畜肉，穿皮革，体魄强悍。人人都能拉弓射猎，被称为"控弦之民"。匈奴人孩提时代起就骑羊引弓射鸟或鼠，稍大一点则射狐狸、兔子。匈奴贵壮健，贱老弱，壮者饭食居先，老弱食其剩余。父亲去世后，儿子娶后母为妻；兄弟去世后，也娶他们的妻子为妻。人死后除随葬生活用具外，武器仍不离身，还埋葬羊、牛、马等牲畜的头和蹄。兵士全是铁甲骑兵，英勇善战，而且非常崇尚战争和掠夺。

战国时期，游牧民族经常活动于燕、赵、秦等国北部边疆地区，甚至深入到黄河北岸进行劫掠，严重地侵害着定居于中原北部从事农业生产的民族，也是秦发展壮大的后顾之忧。加上游牧民族精于骑射，机动灵活，来去如风，中原的步兵和车兵无法抵御他们。相比之下，长城是十分必要的防御工程。据《史记·匈奴列传》记载，秦昭王在收陇西、北地、上郡之后，在这一带筑起了一道长城。这道长城被称为秦长城，为了区别后来秦始皇时期所筑的长城，因此又被称为"秦昭王长城"。它的修建应该在公元前272年以后，这在战国长城中应当算比较晚的了。秦昭王所筑长城,后来基本上为秦始皇修长城时所用。

秦昭王长城至今依然在蜿蜒于黄土高原之上。据目前的考察所知,秦昭王长城西起甘肃临洮30里墩杀王坡的洮河边上,傍洮河向东南,沿山梁进入渭源县,转而顺渭河北岸至陇西县,曲折向东北方向进入通渭县。长城到静宁县一带,因破坏严重,走向不是十分明确,一些地段只能依照残存的土墩进行推定。从静宁等县抵达宁夏固原县,再折为东北方向,经甘肃省环县和陕西省横山、榆林、神木诸县,直抵黄河西岸。

长城可以起到阻止、抗击敌人侵扰的作用。若是没有长城及这些险塞,游牧民族的骑兵不论多少,甚至几个人、几十个人,都可以从任何方向毫无阻挡地驰骋,对农耕地区民众实施突然袭击,劫掠人畜财物。当守军前来救援时,他们早已满载而归。

面对这样的流动性攻击,中原王朝难以在短时间内集中作战兵力。有了长城及防守部队,情况就不一样了。长城防御工程加上一定的兵力防守,少量游牧骑兵就无法越过长城行动。即便是几百人、上千人的部队,也不敢轻易越过长城,否则很可能被围在长城里面。守军可以依托长城防御工程,集中优势兵力对侵入长城内的敌军实施打击。

当遇到游牧民族骑兵大兵团进攻时,长城可以起到消耗、迟滞敌人,争取防御部署时间的作用。敌军先遣部队接近长城防御区时,哨兵通过烽燧向长城守军报告敌情,部队开始进入紧急战备状态,准备迎敌作战。敌军主力攻打长城时,机动部队可以支援受到敌人主要进攻的长城段,同时有时间部署第二道防线,堵击敌军向纵深发展,迅速集中主力,形成相对优势,与进犯之敌决战。

秦、燕、赵,以及后世多个朝代修筑的长城,都起到了抵御北方游牧部族侵略的作用,这对维护内地人民生产、生活的安全,有着极为重要的意义。

第二章 秦始皇万里长城

长城虽然在战国时就已修筑,但由于诸侯林立,所属国土比较有限,一般小国长城只有几百里,大国长城不过三四千里。万里长城之名是从秦始皇开始的。

万里长城

秦始皇自吞并六国以后,雄心勃勃,进行了一系列重要的改革。他自以为德兼三皇,功高五帝,故尊号为皇帝,后世为二世、三世直至万世。秦始皇吸取割据教训,在政治方面废除了商周以来的分

封制，推行郡县制，在全国设36郡，集权于中央，即皇帝一人手中。宣布郡官职位不能继承，国家大事由皇帝亲自主持，重要官吏由皇帝直接任免。郡官定期调动位置，以防他们建立势力范围。修建驰道、直道，连通首都与各郡。命令全国据实申报田亩，按田亩纳税，确立了封建地主占有土地制。同时推行统一度量衡、统一币制、统一法制、车同轨、书同文、行同伦的改革。

秦始皇统一全国的第二年即出巡西北，至他去世（秦始皇三十七年），11年之中共5次出巡全国，东到渤海碣石，东南至会稽、钱塘，南临九疑山，西北及陇西、北地，以宣示强威，慑服海内。

以上的措施都强有力地巩固了中央集权的封建统治，促进了封建经济的发展。秦始皇建立的封建体制对后世影响极为深远，中国两千多年的封建制度基本上都是秦制的延续演变和发展。因此，秦朝虽然二世而亡，却开启了中国历史上一个重要的时代。

秦始皇统一全国后，在开疆拓土、巩固边防上很有建树。先秦

时期，我国南方边陲仍是百越杂居的地方。秦灭六国后，便大举进攻岭南地区，发兵5路，共50万大军，直捣番禺（今广州），设桂林、象郡、南海郡，把今天的两广地区置于秦朝版图之内。

自战国时，匈奴一直是秦、赵、燕等国的北部边患。匈奴经济、文化远落后于中原，贫乏的游牧经济不能满足匈奴人生活的需要，掠夺就成了他们获得财富的一种手段。为抵御匈奴等游牧民族的侵扰，秦、赵、燕都筑起了长城。秦统一前后，北方匈奴有了部落联盟的最高首领单于头曼，这标示着匈奴社会正在逐渐走向奴隶制社会。秦始皇和手下臣子们没有忘记这个正在日益壮大的北部民族。

此外，对于秦防范匈奴的起因，历史上还有一种传说：秦始皇为求仙人长生不死之术，相信方士。方士卢生装神弄鬼，献上图书，上有"亡秦者胡也"这样的语句。可能原意是告诫秦始皇不要过于宠爱少子胡亥，否则将来会误国，但秦始皇却以为胡是指匈奴，因此，对匈奴加以防备。

无论传说是否真实，匈奴对秦边境的侵扰和对秦的威胁是不能忽视的，于是除有力地反击匈奴外，秦始皇开始修筑长城。

具体来说，秦代万里长城的修建，分为两个阶段。

第一阶段由秦始皇二十六年至三十二年（公元前221—前215年）。这时，秦军刚刚攻灭六国，国内正在进行一系列的改革，正在推行巩固统一的各项措施，因而对匈奴采取的是战略防御方针。在这一阶段中，为了确保边境的安全和为下一步对匈奴实施战略反击做准备，秦始皇下令重点维修了原秦、赵、燕三国的边地长城，并新筑了若干部分，使其互相连接起来。蒙恬自秦始皇二十六年（公元前221年）攻灭齐国之后，即开始率兵屯边，防御匈奴，兼修长城。

由于第一阶段的重点是维修旧长城，新筑部分不多，工程量不大，主要是由蒙恬所率部队和沿边军民完成的，没有大规模地动员全国的人力、物力和财力。

第二阶段自秦始皇三十三年至三十七年（公元前214—前210年）。这时，国内形势已发生巨大变化，秦始皇巩固内部的工作已经完成，边地长城的修缮已基本结束，边防已经巩固，对匈奴作战的各项准备已经就绪，已由战略防御转入战略进攻。

秦始皇三十二年（公元前215年），蒙恬大败匈奴军，一举收复黄河以南的大片领土；次年又渡过黄河，攻占高阙，控制了阴山一带，从而使秦国的边境向北推进很远。为了巩固新占领的地区，秦始皇下令对长城开始第二阶段的修建。

据《史记·蒙恬列传》记载："秦已并天下，乃使蒙恬将三十万众，北逐戎狄，收河南，筑长城。因地形，用险制塞，起临洮，至辽东，延袤万余里。"这就是闻名中外的我国历史上第一道万里长城。

秦长城西起临洮，西段是在秦昭王旧长城的基础上修缮而成的。北面和东面沿用了赵、燕的旧长城，西起高阙，东到造阳，再向东抵达辽东。

秦国在长城沿线设置陇西、北地、上郡、九原、云中、雁门、代、上谷、渔阳、右北平、辽西、辽东等12郡，有些郡的辖境远出长城之外。在长城的庇护之下，这些地区的人民得以安居乐业，土地得到开发，农业生产得到发展。特别是黄河沿岸，经秦始皇大批移民和设置44个县之后，很快成为新的经济繁荣地区。可见，有了长城的护卫，秦国更加强大起来。

千秋功与过

秦始皇不是历史上修筑长城的第一人，也不是最后一人，但在人们的印象里，长城与秦始皇有着不解的渊源，尤其是对于他修筑长城的功过是非，千百年来评说不一。如唐代的诗人汪遵和褚载，两人各赋了一首《长城》诗，观点则针锋相对。

汪遵诗云：

　　秦筑长城比铁牢，蕃戎不敢过临洮。
　　虽然万里连云际，争及尧阶三尺高。

而褚载的《长城》诗却反驳道：

　　秦筑长城比铁牢，蕃戎不敢过临洮。
　　焉知万里连云色，不及尧阶三尺高。

诗中所提到的"尧阶三尺高"是指传说尧帝的宫殿陛阶只有3尺高，而他的德行使四夷归服。汪遵认为秦始皇倾尽国力大举修筑的长城也比不上三尺阶所代表的功德，而褚载的诗却肯定了长城防御匈奴入侵的作用。

由于秦始皇驱赶人民修筑长城，致使民众饱受其苦，百姓不得安生，出现了"道路死人以沟量"的惨景。秦代就有民歌《长城谣》悲叹道："生男慎勿举，生女哺用脯（用肉喂养）。不见长城下，尸骸相支拄。"所以，历代对秦筑长城谴责的很多，有大量的诗作对之进行鞭挞。

唐代朱庆馀在《长城》诗中写道：

　　秦帝防胡虏，关心倍可嗟。
　　一人如有德，四海尽为家。
　　往事乾坤在，荒基草木遮。
　　至今徒者骨，犹自哭风沙。

唐代诗人胡曾在《咏史诗·长城》中感叹：

祖舜宗尧自太平，秦皇何事苦苍生。
不知祸起萧墙内，虚筑防胡万里城。

许多人认为，经年累月征发数十万人进行着极为沉重的劳动，这种徭役负担给人民造成的痛苦不堪承受。据西汉《淮南子·人间训》和《史记·主父偃列传》中说，秦始皇筑长城，使国内运送粮草，有的来自东海之滨，车运至北河（今黄河河套地区），因为在路上耗费，原来的30钟（约合19石）只剩下1石。男子勤劳耕作也不足以交粮饷，女子不停地纺织也不足以做帷幕。百姓中孤寡老弱得不到供养，有病得不到治疗，死去得不到安葬，眼看人民已没有活路了，官吏们却只顾拿着畚箕在大街上敛钱。可见这一浩大的工程，给当时的人民造成怎样的灾难。

清人杨廷烈所著的《房县志》中记载：有人发现一种全身长毛的"毛人"，据说他们的祖先是逃避秦始皇筑长城劳役的民夫，由于躲入深山老林，年长日久，全身长出长毛。传说当碰到毛人时，他先问你："长城筑完乎？秦皇还在吗？"只要回答："长城未筑完，秦始皇还在！""毛人"就会被吓跑。这个记载虽然只能视为一种传说，然而，如果历史上根本没有那样残酷的现实，绝不会出现这种传说。统治者的作为对人民造成了深重的剥削和压榨，而且远远超过社会所能承担的程度，致使简单的再生产都难以维持下去。扰民至深，才使天下大乱，致使陈胜、吴广最终揭竿而起。秦筑长城是"自筑天下之冤"，成了秦亡的一剂催化剂。正所谓"水能载舟，亦能覆舟"，过分地压榨人民，终使短暂的秦王朝覆舟于农民起义的浪潮之中。

秦始皇筑长城虽遭到后世的鞭挞，但另一种观点认为，修筑长城应放在当时的历史条件下看,以当时的边境形势而论,有其合理性,是值得赞颂之举。

清代马恂的《长城歌》就曾称赞道:

亭障罗列百万兵,牧马无人七百里。
英雄举事必无穷,害在一时利万纪。

显然,秦始皇大修万里长城,并不是因为国力虚弱,也不是因为秦军怯战,而是由古代中原农业经济的特殊性所致。农业生产需要安定的环境耕耘收获,而游牧民族则逐水草而居,流动性强,又富有侵扰性和掠夺性。中原大军一旦出击,匈奴骑兵就远遁他方;中原大军一撤,匈奴骑兵扰掠如故。秦始皇军事力量强大,当然可以击败匈奴,但是击败匈奴却不能征服匈奴和占有匈奴,无法改变其生活条件、环境和侵略习性,也无法根除其出没无常的劫掠之患。

秦对匈奴的作战中,除了军事打击,长城的作用不容忽视。因为一马平川的地方适合匈奴人骑射行动,修筑城池限制他们的特长不失为一种有效的办法。正如汉代贾谊在《过秦论》中所说:"乃使蒙恬北筑长城而守藩篱,却匈奴七百余里,胡人不敢南下而牧马,士不敢弯弓而报怨。"因此,长城的修建确保了边防的巩固和国家的安全。

第三章 汉代长城：不教胡马度阴山

万里长城是我国古代一项伟大的防御工程，它凝聚着我国人民的坚强毅力和高度智慧，体现了我国古代工程技术的非凡成就。它是中国也是世界上修建时间最长、工程量最大的一项古代防御工程，吸引了古今中外无数游客的倾慕和向往。

长城绵延于中国境内东北、华北、西北等多个省市，可谓"上下两千年，纵横十万里"。作为世界上唯一没有中断历史的古老民族的象征，长城是世界了解中国的重要途径，更是中华大地上镌刻的一幅壮美图景。

汉初年与匈奴的战争

秦始皇去世后，天下叛秦，中国陷入纷争之中。此时，秦国所派戍边的战士和贫民也陆续离去，边境失去了戒备，匈奴乘机南下侵扰。

在中原混战的时候，匈奴也经历了一场大的变化。公元前209年，头曼太子冒顿弑父夺权，自立为单于，他率大军向东击破了东胡，占有了兴安岭、辽河上游地区；向西击走了大月氏，并杀死了大月氏的国王，征服了楼兰、乌孙等20余个小国，把祁连山、天山一带全部纳入匈奴版图；向北拓展到了贝加尔湖；向南吞并了楼烦等地，夺取了当初秦将蒙恬所攻打下的匈奴土地。兵强马壮的匈奴部队不断向中原入侵，兵到之处，所向披靡。在冒顿统治的近40年里，匈奴建立了强大的军事奴隶制国家。为了更好地统治这个面积广大的国家，匈奴将领土划分为左、中、右三个部分。左部位于东方，与中原的上谷郡相对，向东已与朝鲜接近，由左贤王治理。中部对着代郡和云中郡，由单于亲自统治。右部在西方，对着上郡以西，与月氏、氐、羌相连，由右贤王治理。

壮大之后的匈奴对中原更是虎视眈眈。而在这一时期，刘邦、项羽经过楚汉战争，最后项羽于垓下自刎，刘邦重新统一了中国。

由于秦末的暴政，整个国家已元气大伤，再加上长时间的争战，民生凋敝，在骁勇好斗的匈奴人面前，刚刚建立起来的西汉王朝显得十分被动。匈奴铁骑长驱直入，常年侵扰雁门、云中、太原、上谷、渔阳、上郡、陇西等地，夺取粮食、牲畜等财物，斩杀太守、都尉。匈奴"小入则小利，大入则大利"，使辽东、河北、山西、陕西、宁夏、甘肃一线边境饱受抢掠和破坏。刘邦称帝的第二年（公元前201年），下令修缮了秦昭王时所筑的长城，实施战略防御。

同年，韩王信（韩信，生年不详，卒于公元前196年，战国时韩国襄王之孙，秦末加入刘邦军中，西汉初年被刘邦封为韩王。为避免与同时期同名的淮阴侯韩信混淆，史书上多称其为韩王信）反叛，与匈奴相约攻汉。为了巩固刚刚建立起来的汉王朝，公元前200年冬天，汉高祖刘邦亲率32万大军，出征匈奴，同时镇压韩王信的叛乱。

汉军进入太原郡后，连连取胜，特别是铜鞮（今山西省沁县一带）

一战，大获全胜，韩王信逃奔匈奴。冒顿派左、右贤王各自带一万多骑兵与王黄等屯兵广武（今山西省代县西南阳明堡镇）以南至晋阳一带，企图阻挡汉军北上。汉军乘胜追击，在晋阳打败了韩王信与匈奴的联军，乘胜追杀到离石（今山西省吕梁市离石区），再次击败韩王信与匈奴的联军。匈奴再次在楼烦西北集结兵力，结果还是被汉骑兵部队击溃。

  由于节节胜利，汉军产生了麻痹轻敌的思想。刘邦到达晋阳后，听说匈奴驻兵于代谷（今山西省繁峙县至原平市一带），于是派使臣十余批出使匈奴。匈奴故意把壮士和膘肥的牛马全藏起来，把老弱病残的军士和瘦小的牲畜列于阵前。派去的十余批使臣回来都说匈奴可以攻击。刘邦派大臣刘敬再次出使匈奴，刘敬回来报告说："两

国相击，此宜夸矜见所长，今臣往，徒见羸瘠、老弱，此必欲见短，伏奇兵以争利，愚以为匈奴不可击也。"可谓直指匈奴诡计的要害。然而刘邦不听，大骂刘敬说："齐虏（刘敬为齐国人）！以口舌得官，今乃妄言沮吾军。"一怒之下将刘敬抓起来囚禁在广武城，准备凯旋后进行处罚。

刘邦率骑兵先到达平城（今山西省大同市），此时汉军步兵还未完全赶到。冒顿单于见汉兵蜂拥赶来，在白登山设下埋伏。刘邦带领兵马一进入包围圈，冒顿单于马上指挥40万匈奴大军，截住汉军步兵，将刘邦的兵马围困在白登山，使汉军内无粮草、外无援兵，不能相救。刘邦发现被包围后，组织突围，经过几次激烈战斗，没有成功。之后，冒顿率领骑兵从四面进行围攻：匈奴骑兵西面的是清一色白马，东面是青马，北面是黑马，南面是红马，企图将汉军冲散。一场大战之后，双方损失很大，一直相持不下。此时正值隆冬季节，气候严寒，汉军士兵不习惯北方生活，冻伤很多人，其中冻伤手指的就有十之二三。《汉书·匈奴传》记载："平城之下亦诚苦！七日不食，不能彀（张、拉开）弩。"匈奴围困了七天七夜，也没有占领白登。

刘邦采用陈平之计贿赂匈奴阏氏（皇后）。阏氏对冒顿单于说："两主不相困。今得汉地，而单于终非能居之也。且汉王亦有神，单于察之。"冒顿也怕相持太久对自己不利，就采纳了阏氏的建议，打开包围圈的一角，让汉军撤出。当天正值天气出现大雾，汉军才得以脱险。这就是历史上著名的"白登之围"。

回朝后刘邦尽斩先前进言"匈奴可击"的十几名使臣，赦免了刘敬，加以重赏。

显然，此时的汉兵对匈奴无力可抵。

刘邦去世后，皇后吕雉掌权，匈奴更加骄横。冒顿曾无礼地修书戏谑吕后，大意是："我是孤独之人，生于大泽，长于平野牛马群中，数次到达边境,愿游中国。陛下你也是孤寡独居,何不共同相娱?"吕后大怒,大将樊哙也愤怒地请战。但多数大臣们对平城白登之围仍心有余悸,认为兵力不敌,只得安慰吕后:"夷狄譬如禽兽,得其善言不足喜,恶言不足怒也。"吕后只得用厚礼和谦卑的言辞回复了单于,大意是说:"单于不忘弊邑(古代对自己的国家以及出生或出守之地的谦称),弊邑恐惧,我已年老气衰,发齿堕落,行步失度了。弊邑无罪,请赦。今奉皇帝乘的车二乘(辆),马二驷(驷为四匹马),请单于驾用。"这就是被称为"嫚书之耻"的历史事件。

在汉初的几十年中,汉王朝对匈奴的侵略也采取了一些军事打击。但总体来说,面对匈奴的入侵,汉王朝只有招架之功,而无还手之力。在此情况下,汉朝廷除了采用"和亲"政策,远嫁宗室之女,还要奉献大量衣食器用,以取得安宁。

大破匈奴筑长城

经过了 70 多年的"休养生息"政策的实施和文景之治以后,到汉武帝时,社会经济实力大增。据记载,当时人民生活富裕,地方官的粮仓里装满粮食。府库钱财十分充足,京师国库中储藏的钱积累巨万,穿钱的绳子都朽烂了。朝廷太仓堆积的粮食,一年压着一年,溢到仓库外面,以致发霉不能吃。大街小巷都可以见到马匹,田野里牛马成群。朝廷有 6 个大型马厩,养马约 30 万匹。国家出现富足安定、人丁繁荣的景象,长安人口就达到约 100 万。

有了强大经济基础的汉武帝,为了保卫边境地区的生产和汉王朝的安全,也为了一雪高祖平城之仇和吕后时的"嫚书之耻",决心对匈奴的进攻予以还击。

汉武帝时与匈奴进行了长期而频繁的战争,其中有 4 次规模较大,也最为惨烈。

元朔元年（公元前128年），汉武帝派遣将军卫青率3万骑兵出雁门关，李息出代郡，抗击匈奴的入侵，斩匈奴数千。第二年，卫青又出云中郡以西至陇西，击匈奴部属楼烦和白羊王，斩获数千人和马牛羊百余万头，收复了河南地，夺取了具有战略意义的河套地区。汉武帝又在河套地区设立朔方郡，迁徙10万人居住。又命苏建调集10万人筑朔方城，并修缮旧时秦万里长城。

元狩二年（公元前121年）春天，汉武帝发动河西之战，派霍去病出兵陇西，过焉支山，千余里追击匈奴，杀敌8000多人。同年夏天，又命霍去病与公孙敖率数万骑兵出陇西、北地2000里，攻祁连山（今甘肃省酒泉、张掖一带），另派李广、张骞率10 000多人从右北平出发，攻击匈奴左贤王，策应西征的主力军。霍去病越过居延海（今内蒙古额济纳旗北），穿过小月氏部落，抵达祁连山。祁连山麓一战，匈奴大败。这次战役，总计接受匈奴单桓王、酋涂

王及相国、都尉等2500多人投降，俘虏了王母、单于阏氏、王子、相国、将军、当户、都尉等100多人，歼灭匈奴兵30 000多人，打垮了匈奴右部势力，夺取了又一战略要地河西走廊。

祁连山水草肥美，适宜畜牧，而焉支山产一种制作胭脂的植物，匈奴妇女用此来美容。匈奴失去这座山，非常惋惜。他们悲伤地唱道："亡我祁连山，使我六畜不蕃息；失我焉支山，使我妇女无颜色。"

不久，匈奴浑邪王领4万人归降汉王朝。汉武帝安置降众在陇西、北地、上郡、朔方、云中5个郡的塞外，称五属国。自此，从河西走廊到今新疆罗布泊匈奴绝迹。汉在这一带先后设立了武威、酒泉两郡，徙民屯垦，并开始建造东起令居（今永登县）境内黄河西岸，沿河西走廊，西达酒泉北部金塔县的"令居塞"长城，这是汉筑河西长城的第一段。它不仅切断了匈奴和西羌的联合，而且打通和护卫了通往西域的丝绸之路。

元狩四年（公元前119年），汉武帝发动了漠北之战，派大将军卫青率5万骑兵出定襄，骠骑将军霍去病率5万骑兵出代郡。卫青打败匈奴左贤王，直攻漠北。在狼居胥山（今蒙古肯特山）筑坛祭天，在姑衍（狼胥山西边之山）辟场祭地，一直打到瀚海（今俄罗斯贝加尔湖）才凯旋而归。这次大战，匈奴损失惨重，从此远遁，不敢在漠南设王廷。西汉王朝随之迁乌桓人到边塞地区作为防御匈奴的屏障，并开始修缮、利用秦万里长城。

元鼎六年（公元前111年），据《史记·大宛列传》载，汉武帝令从骠侯赵破奴大破匈奴，在河西走廊增设张掖、敦煌两郡，"于是酒泉亭障至玉门矣"。据《汉书·张骞传》载，元封三年（公元前108年），汉武帝又令赵破奴同王恢"击破姑师，虏楼兰王，酒泉列亭障至玉门矣"。据此两条历史记载可以断定，此段长城的建筑年代应当在公元前111—前108年之间，这是汉筑河西长城的第二段。

太初四年（公元前101年），汉武帝又在派贰师将军李广利伐大宛之后，修筑了从敦煌西即玉门至盐泽（在今新疆罗布泊）的长城，《史记·大宛列传》载："敦煌置酒泉都尉；西至盐水，往往有亭。"这是汉筑河西长城的第三段。

西汉河西长城是随着河西四郡（酒泉、武威、敦煌、张掖）的建立而建立的，它对促进这一地区转变为农业区，为西汉势力进入西域及开辟和保护中西交通要道丝绸之路都具有重要意义。

西汉在酒泉北至阴山，还建造了汉外长城，这样就把河套地区

和河西地区置在了双层长城的防线之内。

汉武帝大破匈奴、修筑长城设防的情况，《汉书·匈奴传》记载："至孝武世，出师征伐，斥夺此地（秦长城北部边塞地区），攘之幕北（漠北）。建塞徼，起亭燧，筑外城，设屯戍以守之。然后边境得用少安。"可见，经过几次大战，汉与匈奴力量对比发生了根本性的转变。

汉武帝以后，西汉王朝对长城防御系统工程的修筑主要集中于汉昭帝及汉宣帝时期。

汉昭帝继武帝执行了抗击匈奴的路线，于是匈奴"即西北远去不敢南逐水草"。汉昭帝还修筑了东段长城，发民屯垦。《汉书·昭帝记》载："元凤六年（公元前75年）春正月，募郡国徒筑辽东玄菟城。"玄菟郡治地约指今朝鲜北部清川江出海处的番汗附近。

汉宣帝继续筑城屯戍，对西域进行有效管理。公元前67年，汉宣帝派侍郎郑吉在渠犁（今新疆轮台）筑城屯田，神爵二年（公元前60年）任命郑吉为都护西域骑都尉，设置西域都护府于乌垒城（今新疆轮台东北策大雅），以管理西域乌孙、大宛、康居、桃槐、疏勒、无雷等36属国，以后西域属国发展为50个。

与此同时，匈奴的势力逐渐削弱。公元前57年，匈奴内部矛盾激化，五单于争立，其势渐衰。后匈奴亲汉，北部边境一度出现和平景象。

汉代在构建长城军事防御工程时，特别重视障塞亭燧的建设，

并建立了严密的烽燧制度。据《居延汉简》记载，汉时有"五里一燧，十里一墩，三十里一堡，百里一城"的规定，当时的警戒信号大约有6种：蓬、表、鼓、烟、苣火、积薪。白天举蓬、表、烟，夜间举苣火，积薪和鼓昼夜兼用。而且都以匈奴1000人入塞作界限，凡不满1000人只燃起一积薪，超过1000人燃起二积薪，若1000人以上攻亭障时，则燃起三积薪。积薪之外，还附有举蓬、举表、举苣火的不同规定。因入塞方位不同、昼夜间不同，又有很多各自不同但很具体的规定：如果匈奴人入塞围困亭障，已来不及下亭障点燃起薪火时，白天则举亭上蓬或加一烟，夜间举"离合苣火"。

居延烽燧遗址的调查表明，汉烽台一般相距1300米，在无战争时期，绝大部分烽台只由一名戍守及其全家值守，所以全家都造册领粮。他们住在一个用土墙围成的小院子（障）里，墙高5—6米，院子的面积30—40平方米，里面筑有两间简单的房舍，障外还有一个稍大的院落（坞），但墙面要低矮些。而在规模大的要塞城障里，则集中了一定的兵力和粮草，有较强的防卫和存活能力。

东汉时也修过长城防御工程，见于史籍的有光武帝建武十二年（公元36年），"遣车骑大将军杜茂将众郡驰刑屯北边，筑亭障修烽燧。" 建武十三年（公元37年），杜茂和王霸"治飞狐道，堆石布土，筑起亭障，自代至平城三百余里"。建武十四年（公元38年），马武"代杜茂缮治障塞，自西河至渭桥，河上至安邑，太原至井陉，中山至邺，都筑堡壁，起烽燧，十里一堠，以资防守"。还有建武二十一年（公元45年），遣中郎将马援及段忠"分筑烽堠堡壁"。这些长城防御工程的位置无疑从西汉长城向南退缩了很多，其规模要小得多了。

汉代重视长城预警系统，使得朝廷能保留出巨大的机动兵力用于堵截或进攻，而这些大部队，因此可以驻扎在内地而避免了暴露兵力，这是汉长城比前代长城特别是秦始皇万里长城进步的地方。

汉长城在防御和进攻匈奴方面都发挥了重大的作用。匈奴正是在汉长城的节节伸延与固守中退出长城角逐并向西迁移的。并且，汉代修筑了外长城，河西长城有力地阻止了匈奴的进犯，对开发西域屯田，发展西域诸国的农牧业生产，促进社会进步，特别是对打通与西方国家的交通，发展同欧亚各国的经济贸易、文化交流起了重大的作用。两千年前，中国的丝织品通过这条"丝绸之路"，经康居、安息、叙利亚运抵地中海沿岸各国，在国际市场上享有很高的声誉。这条"丝绸之路"长达两万多里，在汉王朝管辖地区就有一万里以上。当时，西方国家的毛织品、葡萄、瓜果等也沿着这条"丝绸之路"输入中国，在中国安家落户。中西方文化艺术通过这条大道也得到了交流。河西长城保护了这一国际干道的安全，在历史上具有非凡的意义。

南北朝长城

从东汉末年开始，历经三国鼎立、西晋短暂地统一了中国，直至西晋末年，在这一段历史时期内，由于北方匈奴、鲜卑等少数民族内迁，定居今河北、山西、陕西一带，北方长城已失去国防上的意义，没必要再继续修筑了。

西晋太康二年（公元281年），鲜卑侵掠北平。晋武帝派遣唐彬主管幽州诸军事，对秦汉长城东段做了唯一的一次修缮。

西晋灭亡后，我国北方陷入大混战的局面。东晋末年割据势力作乱和其他的外患导致中原沦陷，边陲不保，群雄混战，生灵涂炭。司马王室南迁，而北方的黄河流域则成为各少数民族的逐鹿之地。中原北地风雨飘摇，政权更迭，建立了许多小国。历史上习惯统称这个时期为五胡十六国（公元304—439年），它们是匈奴、鲜卑、羯、氐、羌五胡，和华夏的河西张氏除了建立前凉、后凉、南凉、西凉、北凉、前赵、后赵、前秦、后秦、西秦、前燕、后燕、南燕、北燕、胡夏、成汉，还有在当时具有较大影响的仇池、代国、高句丽、冉魏、西燕、吐谷浑等，实际远不止十六国。

从南北朝开始，统治中国北部地区的先后有北魏、东魏、西魏、北齐、北周。后来，辽、金、元、清等朝代统治中国时，其统治范围越来越大，特别是元代和清代曾统治过全国广大地区。这些少数民族的统治者在统治了以农业生产为主的发达地区后，为了防止其他少数民族的侵扰，不得不修筑长城。

北魏政权建立后，逐步吞并了十六国中幸存的后燕、夏、北燕、北凉，并于太武帝太延五年（公元439年）统一北方，开始与南朝的宋国形成对峙的局面。

4世纪末至5世纪初，柔然在蒙古草原上兴起，成为同北魏对立的强大势力。在北魏与南朝宋对峙的形势下，柔然的兴起成为北魏的心腹之患。北魏的主要敌对国是南朝的宋国，为了解除后顾之

忧，免于腹背受敌，实现全力对付宋的战略意图，北魏决定修筑长城以防止柔然的进攻。

《魏书》记载，泰常八年（公元423年）二月，北魏筑长城于长川（又称牛川）之南，起自今河北赤城，西至内蒙古自治区五原县境。泰常长城在《魏书》中被记载长2000里。据学者推断北魏前期的一里为534米，比现在长34米，2000里换算成今天的公制单位，为1068公里。其东段基本上是沿阴山北麓走向，西段由阴山北麓转到阴山南麓。这条长城大体上与秦汉长城一致，是依秦汉长城加以修缮的。考古工作者们在察哈尔左翼前旗呼和乌苏乡的赵秦长城的烽燧上发现有北魏时代的筒瓦和板瓦的残片，即有力地证明了这一点。泰常长城限制了柔然的南进，也切断了柔然地区同中原的经济往来。

5世纪中叶，柔然征服了突厥，势力又逐渐强盛起来。北魏为了解除柔然的威胁，开始致力于巩固北部的边防，即"畿上塞围"。《魏书·世祖纪》中说：太武帝拓跋焘太平真君七年（公元446年）

六月,征发司、幽、定、冀四州十万人筑畿上长城,蜿蜒千里。"畿"是指国都的远近郊区。"畿上塞围"很容易被理解为围绕国都平城(今山西大同东北)的围墙。但实际上并不是这样,有研究者认为泰常八年所筑的阴山长城,是从北部把平城屏障起来,而太平真君七年所修建的塞围,是继泰常八年所筑长城之内建立的第二道防线,在平城的南方,这样,南北长城将国都包围在其中,所以叫作"畿上塞围"。

这道长城起于今北京居庸关,向南经山西省灵丘等地,至山西省河曲县黄河之滨,大约为500多公里。

北魏孝武帝永熙三年(公元534年),受位高权重的大丞相高欢所逼,孝武帝逃往关中。高欢另立元善见为帝,迁都邺城(今河北省临漳县西南),北魏从此分裂为东魏和西魏。

东魏武定元年(公元543年)八月,东魏丞相高欢下令修筑长城。这段东魏长城起于今山西省静乐县西北芦芽山区,止于山西省代县

崞阳镇西北,其地均在恒山山脉中,两地相距150余里,是一处短小的长城。

公元550年,高欢的儿子高洋取代东魏称帝,建立齐国,史称北齐,建都于邺城,占据了今洛阳以东的晋、冀、鲁、豫四省及内蒙古的一部分。

北齐先后有6位皇帝,总共历时仅28年,而在这短短的历史时期里,北齐却十分重视修筑长城。北齐北部长城主要用于防御突厥、契丹等外族入侵,西部长城则主要用于防御此时已取代了西魏的北周政权。

北部长城主要由北齐文宣帝高洋所筑。高洋建立北齐后,与之隔河对峙的西魏国力正在壮大之中,因此在北齐西部边界上修筑了南起黄栌岭(今汾阳市西北)、北至社平戍(今山西朔县西南)的长城。这条位于河东地区呈南北走向的长城长达400里,主要是用来防御西魏的。

北齐建国之初,北方的突厥势力逐渐壮大。突厥在打败了柔然后,建立了突厥汗国,经常到北齐边境侵扰。北齐为了防御突厥,于天保六年(公元555年)征发民夫180万人修筑长城。这道长城自幽州北夏口西至恒州,长达900余里。北齐时幽州治所在燕郡(今北京),夏口即居庸关下口,在今北京市昌平区居庸关上;恒州原为北魏都城平城,迁都洛阳后改称恒州,在今山西大同。这一长城系利用北魏时期的"畿上塞围"东段加以修缮而成的。

天保七年(公元556年),北齐又修筑了自西河总秦戍筑起,东至渤海的3000余里的长城。西河即南朔州的西河郡,在今天的山西汾阳;"总秦戍"是鲜卑语军戍的名称,在今天的山西省大同西北部。这段长城是在天保三年所筑黄栌岭至社平戍长城,及天保六年所筑恒州至夏口长城的基础上,加以连接与修补而成的。大体上从今山西汾阳西北起,北上经朔县至大同北,转而东行,经天镇附近进入河北境内，至赤城向东直达渤海之滨。其中由总秦戍至河北东燕州昌平郡下口的一段是利用北魏太平真君七年所筑的长城，而其东西两段是北齐时新建的。

北齐时，还在长城之内另修了一道长城，叫作"重城"，共分三个阶段。一是库络拔（今大同西南）至坞纥戍（平型关东北）长城：兴建于天保八年（公元557年），为了进一步加强对北方突厥的防御而兴建的。长城从朔县之西趋向东南，经宁武、代县之北、浑源之南而达灵邱。这一段长城大致同北魏的"畿上塞围"重合，长400余里。二是勋掌城：建于河清二年（公元563年）四月，勋掌城建于轵关（今河南济源城西，为太行山隘口进入河北的军事要地）的西面，呈南北走向，为防御北周而建。三为库堆戍至海长城：兴建于河清三年（公元564年），起点是利用东魏时所筑的长城加以修葺而成，东至代县北雁门关附近与天保八年所筑的重城会合。至坞纥戍以东进入今河北境内后，则利用险要的山势筑起屏障，增筑新城至居庸关，并东出怀柔北与外城会合，再向东沿旧城而达渤海北岸山海关。全长2000余里，沿途置戍所50余处，其间坞纥戍至居庸关一段系新筑，其余的都是利用原有长城重新修葺而成的。

公元577年，北周攻灭北齐。北周统一北方后，为防突厥犯边，也曾修缮长城，是对北齐天保七年起于西河总秦戍长城的重新修缮。

第四章 唐宋长城开放的盛世

隋文帝修而不建

　　隋朝开国皇帝杨坚,是世居武川镇(今内蒙古武川县)的鲜卑化汉人。他在北周身居高位,掌握重权,公元581年以"受禅"为名,废周静帝自立为王,是为隋文帝。

　　隋朝刚刚建立时,北方的突厥汗国在沙钵略可汗统治下,势力强盛起来,东北部的契丹也兴起了,不断向经济发达的中原地区攻扰、抢掠,威胁着隋王朝统治的安全。隋文帝为了解除北方的后顾之忧,以便集中力量南下灭陈,完成统一大业,对突厥的国防战略以防御为主。他认为"得其地不可而居,得其民不忍皆杀",所以实行"有降者纳,有违者死"的两手政策,采用"严治关塞,使其不敢南望"的方针。因而仍沿袭秦、汉以来的措施修筑长城,以加强北方的军事防御。

　　公元583年,突厥发生内乱,分裂为东西两部,互相攻杀。隋朝支持东突厥，封东突厥头目为启民可汗，允其迁居白道川（今内蒙古呼和浩特西北）。

隋文帝开皇三年（公元583年），迁都大兴（今西安）。公元589年，隋文帝灭掉江南的陈国，结束了东晋以来200余年的分裂局面，实现了南北统一。隋文帝实行了一系列有助于国家统一和促进社会经济恢复和发展的政策，国力增长十分迅速。在隋朝强盛时期，边境较为安定。因此，隋朝修筑长城的规模较小，多是在前朝长城基础上做些修缮。

史载隋文帝时期修筑长城共有四次。第一次是在公元581年4月在山西省北部修筑长城，"二旬而罢"。第二次是公元585年调发丁夫3万于朔方、灵武筑长城。这条长城西起今宁夏回族自治区灵武县黄河东岸，经陕西省靖边、横山、榆林诸县抵绥德县。第三次修长城是公元586年调发丁夫11万筑长城，这段长城续公元585年所筑长城伸向东北穿过榆林鱼河堡西，到今内蒙古自治区伊盟准格尔旗十二连城乡。第四次是公元587年调发丁夫万余筑长城，此段长城横卧于今河套平原和内蒙古高原间的阴山山脉。

隋仁寿四年（公元604年），太子杨广登基，是为隋炀帝。隋炀帝即位之后，决定迁都洛阳，投入众多人力物力营建洛阳都城。同时，隋炀帝又征发10万余人掘修了一道2000余里的长堑。自今山西省河津县龙门黄河岸起，东经高平、河南省汲县、新乡市，渡黄河由开封市、襄城县而止于陕西商县。隋炀帝时，除修筑了这条长堑外，还两次较大规模地修筑了长城。

第一次是大业三年（公元607年）七月，征发民夫百余万筑长城，用于防御突厥。长城西起榆林，东至紫河。隋代榆林郡在今内蒙古托克托黄河南岸，紫河即今内蒙古和林格尔县南的浑河。这道长城从今托克托起东行，至和林格尔东南浑河东岸的杀虎口止。第二次是大业四年（公元608年）七月，征发民夫20余万筑长城，自榆谷而东。隋代榆谷在西宁卫（今青海西宁）的西面。当时，在青海一带的吐谷浑建都于伏俟城（在"青海湖"西岸15里处），控制西域鄯善、且末等地。大业四年（公元608年），吐谷浑伏允可汗入侵隋西平郡（治湟水，今青海乐都），隋炀帝出兵两路迎击，伏允败逃。上述自榆谷起所筑长城，就是为了防御吐谷浑入侵。

据《隋书》《资治通鉴》所载，隋代从公元581—608年的短短28年间，先后修筑长城达7次之多。隋代所筑长城，多系利用前代长城旧址加以修缮，所以修筑次数和动用劳力虽多，甚至超过百万之众，但每次实际作业时间却很短。如公元581年、公元586年、公元587年和公元607年各次修城，文献均明确记载为"二旬而罢"。因而，隋代修筑长城的规模，与秦、汉相差甚远。

近年来，对于隋代长城遗址有所发现。据称，考古学家在毛乌素沙漠的边缘发现了一段距今1400多年的隋代古长城。这段长城位于宁夏回族自治区的盐池县，距北京700公里左右。这段长城墙体残高在1—2.8米，残宽在5—13米，墙体外有5—9米宽、0.6—1.5米深的浅沟。这段中国仅存的隋代长城基本与一段178公里长的明代长城平行。东起陕西绥德，西至宁夏灵武，隋代长城大部分被明代长城叠压利用，露出地面的仅此一段。

唐太宗不修胜于修

公元618年，李渊建立唐朝，定都长安（今西安）。他的儿子唐太宗李世民即位后，采取了轻徭薄赋、团结各族人民、大力发展生产等一系列措施，使国家出现了前所未有的盛世景象，史称"贞观之治"。

唐王朝立国之初，北有东突厥，西北有高昌、西突厥，西有吐谷浑、吐蕃，东北有契丹、高句丽等，处在"外夷"包围之中。唐太宗于贞观四年（公元630年）击灭东突厥汗国。随后，显庆二年（公

元657年）冬，高宗又击灭西突厥汗国。此后，边境基本安宁。

唐朝疆域东至于海，北至今贝加尔湖以北，西控中亚咸海，横贯中西交通，似乎没有修筑长城的必要。

唐太宗时，群臣提出在大漠边缘修筑一道长城的请求，李世民没有答应。他认为不应该用长城将华夷隔绝开来，而是广泛地团结周边各少数民族。为实现这一目标，唐太宗采取了茶马互市、联姻和亲、结盟纳降等一系列措施，取得了巨大的成功。唐太宗在安边问题上突破了传统思路，积极进取，大胆创新，不修长城胜修长城，表现了一代"天可汗"海纳百川的博大胸怀，也反映出此时的唐代是个名副其实的、开放的盛世。

唐玄宗在位期间，北方契丹崛起，边患频仍，于是派幽州节度使张说负责修建长城。这是唐朝修建的唯一一段长城，目的是抵御外族入侵。《通典》中称妫川郡"北到张说新筑长城九十里""西北到新长城为界三百八十里""东北到长城界七十里"。但是，在《唐书》张说的传记中，没有被派筑长城的记载，因此所谓"新长城"，可能是对前代长城的修缮，而不是新筑长城。

虽然唐不像其他朝代一样"热衷"于修建长城，但对于边防仍极为重视。直至中唐，"烽戍逻卒，相继万里"。此外，除于西域设"安西四镇"（指唐朝前期在西北地区设置，由安西都护府统辖的4个军镇）及在漠北设安北大都护府外，公元682年后突厥汗国重建后，为了抵御后突厥的入侵，中宗景龙二年（公元708年）春，唐朝又命朔方道大总管张仁愿,沿着阴山山脉修筑了三座"受降城":东受降城在胜州(今内蒙古托克托县南);中受降城在拂云祠(今包头市西);西受降城在丰州(今杭锦后旗乌加河北岸)。这三处均为历代兵家必争之地,三城相距各200公里。三座受降城以北牛头山、朝那山一线均筑烽火台和戍所。这项工程的设计颇具特色,例如不设瓮城(为了加强防守,在城门外修建的半圆形或方形的护门小城)就是一个特点。唐朝在三受降城屯驻军队,加强守卫,有效地控制住大漠南北,并阻止了后突厥奴隶主贵族侵扰势力的南下。

唐代虽不筑长城,但烽堠制度却很完备,从边塞直达首都长安,每15公里置一烽,烟火一昼夜能传1000公里。边塞烽堠除放烽报警外,还与关津一样,负有勘查过所、公验的职责。唐代僧人慧立撰写的《大唐大慈恩寺三藏法师传》中就记载了玄奘法师西行取经偷过玉门关的情况。当他偷过第一烽时,就被发现抓回,只是由于守烽校尉被他不畏艰险去天竺求经的意志所感动,才放他出关的。

除大唐王朝外,与唐代处于同一时期的附国曾有修筑长城的历史。在黑龙江省牡丹江市,有三段距今1200年的边墙遗址,被称为"渤海国长城"。渤海国(公元668—926年)是我国唐朝时期北方古老的靺鞨族建立的地方民族政权,始建于武则天圣历元年(公元698年),初称"震国"。公元705年归附于唐王朝,公元713年被册封为"渤海国"。首都初驻旧国(今吉林敦化),后又几次迁都。公

元 926 年被契丹国所灭,传国 15 世,历时 229 年。

"渤海国长城"是渤海国为防御北方黑水靺鞨入侵而修筑的,是与秦代长城具有同样性质的军事防御工程。这道长城全长约 100 公里,高达 4 米。"渤海国长城"已经被列入世界文化遗产名录,是黑龙江省第一个列入世界文化遗产名录的文物遗址。

宋长城:雄关漫道真如铁

唐朝灭亡以后,中国历史进入五代十国时期。"五代"有后梁、后唐、后晋、后汉与后周 5 个朝代。公元 907 年,汴州朱温篡夺唐建立后梁,五代十国开始。太原李克用之子李存勖灭后梁,建国后唐。后唐国力强盛,但发生内乱后,被石敬瑭引契丹军攻灭,后晋建立。不久契丹军南下灭后晋。刘知远在太原建立后汉,收复中原,后被郭威篡夺建立后周。后周恭帝显德七年(公元 960 年),宋州(今河南商丘)归德军节度使赵匡胤在出兵北伐的途中,于宋州发动了政变,即"陈桥兵变",迫使周恭帝退位。赵匡胤在汴州(今河南开封)建立了宋朝,由此五代结束。"十国"是指前蜀、后蜀、吴、南唐、吴越、闽、楚、南汉、南平(荆南)、北汉等十几个割据政权。

五代时,后晋高祖石敬瑭为了在契丹的兵力支援下称帝,竟将长城一带的燕云十六州割让给契丹。从此,长城落入契丹版图。宋朝虽然统一了中原,但始终未能收复燕云十六州。尽管宋太宗曾御驾亲征,但被契丹铁骑围攻,大败而归。

宋朝统治范围在原来秦、汉和北朝所筑长城的南面，原来的长城已在辽、金境内。宋太宗太平兴国四年（公元979年），曾命大将潘美等人在雁门一带修筑了一些城堡，用以警备辽军南下。

北边失去了长城这一国防上的重要屏障，成为北宋外患严重的重要原因之一。基于同样原因，北宋完全暴露在强大的金国面前，以至于靖康年间，金国铁骑长驱直入，轻易地灭了北宋。

宋徽宗政和五年（公元1115年），东北女真族建立了金王朝，并灭掉了辽国和北宋。

12世纪末至13世纪初，蒙古族在成吉思汗的领导下迅速兴起于大漠南北。金章宗泰和六年（公元1206年），成吉思汗建立了蒙古汗国。蒙古汗国的势力越来越强大，而金政权的统治力量却内外交困，日益衰弱，对强大的蒙古汗国不得不采取防御措施。

在金代，一项重要的防御工程就是修筑边壕。边壕主要是用挖掘堑壕的弃土堆筑成土石墙，以防敌方战马冲越。堑壕一般深约1.5米，宽2米左右。每隔一段距离建一段土墙，墙身一般为土石混合垒筑或夯筑。边壕的结构，分成堑壕和壕壁两部分。堑壕即在地下

挖的深沟，所挖之土堆积在堑壕的两侧形成壕壁，外观就像一道矮墙，由于没有经过夯实，所以比较低矮。有些还在壕壁上筑有马面、瓮城、敌楼。此外，一些地方还有复线，即两条平行的堑壕。在堑壕内侧，还筑有驻兵的城堡。显然，边壕的构造与以往的长城有许多不同，所以金代边壕是否属于金代长城，在学术界还存有争论。

金之所以修建边壕，一方面在北方沙漠草原地区，缺乏可以夯筑城墙的土源，故而采用了开凿边壕的办法。此外，来自蒙古汗国的威胁不断加强，也迫使金朝不得不速成边防。

金代的边壕史称四路，即东北路，临潢路，西北路，西南路。这四路指主干线，此外还有许多支线。东北路边壕始于内蒙古莫力达瓦旗尼尔基镇，沿大兴安岭东麓向西南走向，止于科尔沁右翼中旗吐列毛都。自吐列毛都至达里诺尔湖，称临潢路；由达里诺尔湖至四子王旗白音花嘎查，为西北路。由四子王旗至武川县庙沟乡大青山，为西南路。此外，还有许多支线。据有关学者考证，金代边壕总长为3400多公里。

不过，这条动用数以百万计的劳力修筑的长达千余里的防御工程，并没有挡住以成吉思汗为首的统一蒙古草原的进步势力。蒙古骑兵在阵阵冲锋呐喊声中冲过了堑壕，挥戈南下，这道边壕也就度过了它那雄伟壮观的"青春时代"。

公元1271年，元朝建立。公元1279年，元灭南宋，统一了全国。元代的版图已横跨欧亚大陆，统治长城内外。长城对元代统治者来说意义不大，当然也不会去筑长城。但是，元代统治者为了防止汉族和其他各族人民的反抗斗争，曾对长城上的许多关隘加以修缮，并派兵把守。

第五章 明代：万里长城永不倒

壮阔的长城体现着中华民族伟大的力量和坚强意志，记述着历朝历代的兴衰得失，见证了沧桑的变迁。两千年的建筑奇迹，两千年的纷争与和平……

中国万里长城所代表的精神内涵已超越了民族的局限，而成为人类和平的里程碑，人类文明共同的宝贵遗产。

大明王朝的边患

在大明王朝近300年的历史中，边患始终没有断过，前两百年的主要威胁来自于北部边境的蒙古，后近百年是东北部日益强盛的满族。

公元1368年，朱元璋在南京称帝，建立明朝，年号洪武。洪武九年（公元1376年），大将军徐达率师北上取元大都（今北京）。元顺帝北遁出塞，逃往开平（今内蒙古多伦东南），后又退至应昌（今内蒙古克什克腾旗达来诺尔附近）。元人北归后，

没有放弃复兴南下的念头，不断遣将骚扰北边。

公元1402年，明成祖朱棣登基，改当年为洪武三十五年，次年为永乐元年。公元1421年明迁都北平（今北京），因为地近北境，对边防尤为重视。永乐初，元后裔五传至坤帖木儿，势已渐弱。这时，鬼力赤篡位，自称可汗，不再用元的国号，而称鞑靼。蒙古内部也发生分裂。鞑靼西部，原为元代权臣猛可帖木儿所据，猛可帖木儿死后，部族分为三部，统称瓦剌。鬼力赤一面和瓦剌互相仇杀，一面又常来侵扰明朝边境。

开始时，鞑靼最强盛，成祖曾赐书安抚。鞑靼不但不听，反斩杀使者。永乐七年（公元1409年），成祖命5位将军率精骑10万北讨，结果5位将军全都战死。第二年，明成祖亲率50万众出塞征讨，鞑靼大败，明军追至斡难河（黑龙江上源之一，斡难河源乃蒙古族世居之地）而班师。鞑靼表示愿意归附，于是，明封鞑靼主为和宁王。然而鞑靼反复无常，稍得休养生息，就又来侵扰。明成祖先后三次亲征，并于公元1424

年崩于亲征的班师途中。

与此同时，瓦剌也伺机而动。公元1413年冬拥兵边境，成祖亲率精骑征讨。经此打击，瓦剌主马哈木表示愿向明王朝贡马谢罪，明朝也愿同他修好。

经过明朝的几次征讨，加之多次被瓦剌打败，鞑靼逐渐衰落。而瓦剌却不断壮大，公元1439年也先继位，北部皆服属也先，又攻破哈密，联结西部蒙古诸部，东破兀良哈，威胁朝鲜，势力迅速扩大。也先瓦剌的崛起对明朝造成严重的威胁。

自朱棣以后，明代皇帝多平庸昏聩，宦官参与政事，更是胡作非为，朝中正气不伸，贪污腐化滋长。正统（公元1436—1449年）年间以后，边备废弛，声威不振，以致蒙古再无臣服之心，一时"诸部长多以雄杰之姿，恃其暴强，迭出与中原抗"，终于酿出"土木之变"。

由于蒙古诸部贪图中原的财富，除不时入侵掳掠外，也与明廷保持着朝贡关系，明廷为求得边境安定，赐赉丰厚。按定制，瓦剌入朝，使者一次不过50人。也先贪图朝廷赏赐，迭增至3000人，并千方百计索取中原贵重难得的物品，稍不满足，便寻衅入侵，还借入朝之便窥探朝中虚实。在使者来往途中，也先部又大肆掠夺，因此边民苦不堪言。正统十四年（公元1449年），也先以明朝减少赏赐为借口，兵分4路，大举攻明。宦官王振不顾朝臣反对，鼓励英宗朱祁镇御驾亲征。朱祁镇率军50万亲征，出居庸关，同行的还有100多名文武官员。行至土木堡（今河北怀来东），被瓦剌军队赶上，瓦剌军队把明军团团围住，两军会战，明军溃败，死伤数十万，明英宗被瓦剌军俘虏。这次由明朝廷昏聩无能所招致的惨败，史称"土木之变"，又称"土木堡之变"。

公元1455年，也先被部下暗杀，瓦剌遂衰，而鞑靼又代之而起。此后100余年，中国边境东自辽东，西至甘肃，战乱连年，几无宁日。

鞑靼常率数万铁骑入侵，以山西、河北西北部、陕西诸边所受蹂躏最甚。鞑靼曾7次逼近京师，朝野震动，京师戒严。嘉靖二十九年（公元1550年）六月，蒙古俺答率军犯大同。大同总兵仇鸾重赂俺答，请求"勿攻大同，移攻他处"。八月，俺答遂引兵东去，自古北口入犯，长驱直入攻至通州，直抵北京城下。一时勤王兵四集，仇鸾也领兵来到北京。明世宗即拜仇鸾为大将军，节制诸路兵马。兵部尚书丁汝夔问严嵩如何战守，严嵩说塞上打仗，败了可以掩饰，京郊打仗，败了不可掩饰，俺答不过是掠食贼，饱了自然便去。丁汝夔会意，告诫诸将不要轻易出兵。本来就相顾变色的将领们皆闭门不战，一箭不发。于是俺答兵在城外自由焚掠了几天后，仍由古北口慢慢退去。事后，严嵩杀掉执行他命令的丁汝夔以塞责。因这年是庚戌年，史称"庚戌之变"。

明中后期的几位皇帝更加昏庸无能，又常年不临朝，宦官、奸臣专权，朝廷腐败瘫痪无以复加，以致将兵多不能用。但在抗击鞑靼入侵中也不乏忠勇之士，不少边将浴血牺牲，马革裹尸，甘愿前赴后继。嘉靖末年和隆庆（公元1567—1572年）时，总督谭纶和总兵戚继光镇守蓟镇，总督王崇古镇西边，总兵李成梁守辽东。鞑鞑知道这些地方守备森严，不敢轻犯，边民稍获安宁。

戚继光原是抗倭名将，转战于浙江、福建沿海。他在训练士兵时，有一套非常成功的体系。其一他明军法，若由于作战不力而战败，主将战死了，偏将也要处死。其二是定奖赏，戚继光为了激励官兵的战斗精神，论功行赏。凡是在战场英勇杀敌，立下战功者，都给予奖励。对于阵亡官兵的家属，也给予优厚抚恤。其三是严军纪，"戚家军"所到之处，一直都很受百姓拥护和支持，不仅是因为打击了匪患，解除了对民众安全的威胁，还因其军纪严明。戚继光规定，凡军队出征时，士兵扰民的，一律处死。其四是练武艺，戚继光熟读兵书，精通练兵之要，对于属下士兵进行严格训练。其五是排战法，戚继光针对战场的地形地势，根据兵力情况和敌方特点，演练了"鸳鸯阵"等阵法，对敌时机动运用，以己之长攻敌之短。他的"戚家军"纪律严明，骁勇善战，使倭寇闻风丧胆。

隆庆初

年，因蓟边忧患，朝廷调戚继光总兵蓟镇。戚继光改革蓟镇的种种弊端，整饬军纪，并从浙江调来3000"戚家军"。这批南方来的士兵抵达蓟镇，军容整齐，纪律严明，行至郊外，适逢大雨，自早晨至傍晚，浙兵在雨中挺立不动，使边军大骇，从此才知有军令。

戚继光视察边垣设施，提出在长城上建造空心敌台的建议，又革新军阵、火器。戚继光镇守蓟边16年，边备修饬，蓟门安然，军容为各边之楷模。

然而，明王朝的内忧外患日渐严重，仅靠少数的忠臣良将是难以扭转的。

北部的俺答晚年受明封为顺义王，其子嗣也遂与明维持较好的关系。但这时东北的建州女真悄然崛起，又成为明朝的边患，并最终取代明朝，在中国进行了长达268年的统治。

元、明时期，在东北广阔的土地上生活着女真族。他们原是金朝的臣民。元朝时，他们仍逐水草而居，无市井城郭，以射猎为业。明太祖起初在这里建卫，置辽东都指挥使司（治所在今辽宁辽阳）。明成祖统一东北全境，设奴儿干都指挥使司（治所在今俄罗斯境内，黑龙江下游和阿姆贡河汇合处的特林），对东北各族进行统治。这时的女真分三部：一部名建州女真，永乐（公元1403—1424年）时，南迁到赫图阿拉（今辽宁新宾西南），分布在苏克苏浒河（今苏子河，浑河支流）上游。一部名海西女真，分布于松花江中游。一部名东海女真，分布在黑龙江中下游和乌苏里江以东地区。

建州女真与海西女真已逐渐定居，经营农牧业，进入了奴隶制社会。他们极富侵略性，不断向外掠夺，尤其是向汉人掳掠财富和人畜，因此与明军屡有战争。

至隆庆时，海西女真和建州女真都建国称汗。公元1583年建州女真努尔哈赤兴起，开始向外征讨。公元1591年控制了抚顺以东、长白山以南至鸭绿江的广大地区。公元1616年，在征服海西、东海诸部后，建后金国，定都赫图阿拉。为征战需要，努尔哈赤在公元1615年建立八旗制度，"出则为兵，入则为民，耕战二事，未尝偏废"。八旗战斗性、掠夺性很强，所向披靡。

公元1618年，努尔哈赤发动了对明的战争。次年与明军在萨尔浒山（今辽宁抚顺东约80里浑河南岸）大战，明军惨败。公元1621年，努尔哈赤占沈阳，取辽阳，先后攻下辽东70余城。明王朝失去了辽东。后金迁都辽阳，公元1625年迁都沈阳。八旗军以劫掠为主，势如破竹，长城内外烽烟骤起，战火纷飞。曾经强盛的明帝国已经风雨飘摇。

055

在与明军争战的同时，不断壮大的后金打垮了漠南蒙古诸部。公元1636年，努尔哈赤的继承者皇太极改汗为皇帝，建国号大清，以盛京（沈阳）为国都。

眼看铁骑就要踏破中原，明廷却腐朽至极，党争愈演愈烈。明军在与农民起义军和清军的两线战斗中屡战屡败，已完全丧失战斗力。而一心励精图治，又敏感多疑的末世皇帝崇祯又在失察的情况下造成抗敌良将袁崇焕惨遭冤杀。这些都加快了明朝走向灭亡的速度。

袁崇焕是一位悲剧性的人物。他为人慷慨有胆略，好谈兵，尤谙边事。天启二年（公元1622年）广宁失守后，袁崇焕出驻山海关。他内抚军民，外饬边备，功绩卓著。公元1623年往守宁远（今辽宁兴城），令祖大寿筑城，宁远遂为关外重镇。公元1626年，努尔哈赤两渡辽河攻宁远。袁崇焕与将士刺血为书，与后金军血战。后金军退走，努尔哈赤病死。袁崇焕受任为辽东巡抚，崇祯元年（公元1628年）督师辽蓟。次年，皇太极发数十万军越长城攻遵化、蓟州、三河、通州。袁崇焕闻警，"士不传餐，马不再秣"，以"二昼夜驰之百里"急速入援，和后金军大战于京师广渠门。袁崇焕身先士卒，浑身"箭如猬集"，幸披双重甲未致重伤。皇太极惊叹："15

056 万里长城的故事

年来未尝遇此劲敌。"于是，皇太极定下反间毒计，说袁崇焕与后金通往有密约，故意"泄密"给被俘的杨太监，后纵杨太监逃回，奔告于崇祯皇帝。崇祯竟然深信不疑，立即捕袁崇焕下狱。辽东将士获知，全军痛哭。

袁崇焕身陷囹圄，冤不得昭，反被人罗织罪名，竟于崇祯三年（公元1630年）被诛于西市，兄弟妻子也被流放到3000里外。袁崇焕入狱后作诗道："但留清白在，粉骨亦何辞。"刑前遗诗云："身后不愁无勇将，忠魂依旧守辽东。"其忠心可鉴。

良将屈死，边关危机，明王朝已摇摇欲坠。公元1644年清军进入山海关，长驱直入，自朝阳门杀进京城，宣告了明朝的灭亡，开始了清朝的统治。

九边重镇

明代的边患与明朝相伴始终，这让明王朝吸取了宋朝向金兵投降求和、落得个偏安江南局面的惨痛教训，在北边境筑长城以自卫。

明朝的严防措施在明初洪武（公元1368—1398年）时就开始了。洪武初年，大将徐达修筑了居庸关和山海关，以遏止残元势力的骚扰。嘉靖（公元1522—1566年）时，已将九镇边墙连成一体，完成了东起鸭绿江，西抵嘉峪关的万里长城。

2009年4月19日，国家文物局和国家测绘局公布了经过近两年科学调查和测量首次获得的明长城数据，认定明长城东起辽宁虎山，西至甘肃嘉峪关。从东向西行经辽宁、河北、天津、北京、山西、内蒙古、陕西、宁夏、青海、甘肃10个省（自治区、直辖市）的156个县域，总长度为8851.8公里。

明长城工程技术和防御设施集前代之大成，建筑之宏伟、工程之浩大是空前绝后的。长城翻越于群山峻岭之上，穿过浩瀚的戈壁沙漠，其气势之磅礴雄壮，比起秦始皇长城毫不逊色，甚至可说有过之而无不及。因此，它成了中国和全世界人民重要的文化遗产。

明长城在明代称边墙。明朝为了有效地对长城全线进行管理和修筑，将东起鸭绿江、西至嘉峪关的长城全线划分为九个防区，派总兵官统辖，也称镇守。九个防区称"九边"或"九镇"，九镇分别是辽东镇、蓟镇、宣府镇、大同镇、山西镇、延绥镇、宁夏镇、固原镇、甘肃镇。明九镇各由总兵镇守，有固定而明确的防区。九镇所辖长城总长超过万里，故称"万里长城"。

辽东镇

辽东镇在山海关外，是清统治者的发祥地。明筑辽东长城除抵御兀良哈、鞑靼外，也抵御过女真。清统治者极力回避女真曾为明边患的历史事实，在史志和舆图中把辽东长城勾掉了。后来以讹传讹，形成了明长城东起蓟镇山海关、尽头在老龙头的说法。

辽东镇总兵官初治广宁卫（今辽宁北镇市），明穆宗隆庆（公元1567—1572年）以后，冬季移驻东宁卫（今辽宁辽阳市）。

辽东镇管辖的长城东起今丹东市宽甸县虎山南麓鸭绿江边，西至山海关北吾名口，全长975公里，由宽甸堡、海盖、开原、锦义、宁远5名参将分段防守。辽东镇长城大都没有包砖，现存遗迹较少。

蓟　镇

蓟镇长城是现存万里长城遗迹中保存最完整的一段，它分布于今河北省、天津市、北京市及山西省，是明京师的重要屏障，也是明长城的精华所在。蓟镇因蓟州而得名，但总兵驻所在今河北省迁西县三屯营。

蓟镇长城东端与辽东长城相接，它的起点在河北省秦皇岛市的山海关老龙头，北向经山海关关城，至抚宁县和绥中县交界的九门口。长城又北上至绥中县锥子山与辽东镇长城相接。蓟镇长城折向西，经抚宁县、卢龙县、迁安县、迁西县，过喜峰口。喜峰口位于迁西县西北50余公里处，是一处重要的山口通道。山口左右高峰对峙，洪武年建关，有关门三重，关上有镇远楼和来远楼。

长城入遵化县，经马兰关，走天津市蓟县，过黄崖关，入北京市平谷县，过将军关，北走穿越兴隆县延入密云县（长城北为滦平县），西行，过司马台、金山岭、古北口，入怀柔县，经莲花池关、慕田峪关后，在旧水坑（旧水坑被学者们称作北京结点）分成西北、西南行两线。西北行线入延庆县四海，走向赤城；西南行线分作两线入延庆，后汇合至八达岭、居庸关，经门头沟笔架山，越东灵山，经怀来县、涞水县，入易县、涞源县交界的紫荆关，入山西省灵丘县。长城继续南下行走于河北与山西两省交界的太行山山脊之上，经五台、灵寿、平山、盂县、井陉等县，过平定县娘子关，再经元氏、赞皇、内丘、昔阳、和顺诸县、邢台市、沙河市，至武安市；长城再起自左权县和武安市交界的摩天岭，经武安峻极关、黄洋关、涉县，抵山西黎城县东阳关终止。

蓟镇长城腾越于燕山、军都山、太行山山脉上，全长2000余公里，气势非常雄伟，构筑坚固，为明长城之冠。该镇长城的墙体

结构有砖墙、石墙、山险墙和劈山墙几种。砖墙的比例比其他镇长城明显为多，尤其在北京地区，是以砖墙为主，石墙为次。许多地段出现两重乃至三重的复线。北京地区的长城，若把复线计算在内，长600多公里。

宣府镇

宣府镇位于河北省西北部，因总兵驻所设在宣府卫（今河北宣化）而命名。

宣府镇管辖的长城东起慕田峪渤海所和四海冶所分界处，西达西阳河（今河北怀安县境）与大同镇接界处，全长558公里。本镇地当京师西北门户，形势重要，边墙坚固，有内、外九重。

宣府镇长城遗迹东段砖石垒砌者多被拆毁，西段夯土墙保存尚属完好。

大同镇

大同镇长城位于山西省北界，因总兵驻大同而得名。该镇长城俗称"外边"或外长城，其战略地位同宣府镇，亦属京师的屏障。

大同镇长城东接宣府镇长城西端，长城大都行进在山西省和内蒙古自治区的交界处，向西偏南曲折延伸，经两省、区的天镇县、兴和县、阳高县、丰镇市、大同市新荣区、凉城县、左云县、右玉县、和林格尔县、平鲁县，出山西省入内蒙古自治区清水河县，再入山西省偏关县，止于白羊岭（古称丫角山）。在大同、清水河、偏关等险要地筑有2—4重城墙。全长约450公里。

该镇长城大都建于丘陵或坡地上，城墙破坏严重，有的地段已荡然无存。墙体以黄土夯筑为主，现高2—7米。有的土墙可能原系砖石筑成，今只见石基。清水河县等地有石砌墙体。

山西镇

山西镇也称太原镇，位于山西省北部和西部黄河东岸。总兵官初治偏头关（今山西偏关），后移宁武所（今山西宁武）。山西镇

管辖的长城西起河曲（今山西河曲旧县城）黄河东岸，经偏关、老营堡、宁武关、雁门关、平型关，东接太行山岭之蓟镇长城，全长近800公里。

山西镇是与蓟、宣府、大同三镇同为拱卫京师畿辅的重镇，因在宣、大二镇长城之内，故又称"内长城"。偏头关、宁武关、雁门关合称"外三关"，它是相对于蓟镇的"内三关"：居庸关、紫荆关、倒马关。

山西镇长城倚山而筑，多为石墙，并置几重，由北楼口、东路代州左、太原左（指宁武关）、中路利民堡、西路偏头关左、河曲县六参将分守。山西镇长城遗址经过修复，尚属连贯。

延绥镇

延绥镇横亘于陕西省北部，因有延安府、绥德州而得名。总兵官初治绥德州（今陕西绥德），成化以后移治榆林卫（今陕西榆林），因此也称榆林镇。这一带地处河套，水草肥美，素为边防要地。

延绥镇管辖的长城东起黄甫川堡（今陕西府谷县黄甫乡），西至花马池（今宁夏盐池），全长885公里，在大边长城南侧另有"二边"，东起黄河西岸（今陕西府谷墙头乡），曲折迂回，西至宁边营（今陕西定边），与大同边墙相接，分别由东、中、西、孤山堡、清平堡、榆林保宁堡6路参将分守。榆林镇长城遗址多被积沙掩埋，局部地段被推平修建了公路，仅存夯土墩遗址。

宁夏镇

宁夏镇长城位于宁夏回族自治区北部，地处河套西部。银川平原自古农业灌溉发达，沟渠纵横，素有"塞上江南"之称。它的战略地位十分重要，是关中的屏蔽、河陇的咽喉。

宁夏镇总兵官治宁夏卫（今宁夏银川）。宁夏镇管辖的长城东起花马池（今宁夏盐池）与延绥镇长城接界处，西端止于宁夏中卫喜鹊沟黄河北岸（今宁夏中卫县西南），全长830公里。

该镇长城除在贺兰山东麓外，均为黄土夯筑。由于东端地处毛乌素沙漠边缘，遭风沙或雨水破坏，保存较好者高4—8米，宽10米左右。在贺兰山地区则大都以山为险，山口如贺兰山口、白寺口筑石为障墙，石墙或土石混筑墙体也被采用，存高3—4米。西端出贺兰山脉，处腾格里沙漠南缘，进入黄河冲积平原，墙体一般为黄土夯筑，存高1—3米，有的被埋于流沙之中。

固原镇

固原镇总兵官治固原州（今宁夏固原），因总督陕西三边军务开府固原，所以也称陕西镇。由于宁夏北部多为丘陵、平原地带，鞑靼屡入掠固原、平凉一带，为加强边防，弘治中始修筑固原边墙，嘉靖时将边墙西延至甘肃省境内。

固原镇管辖的长城旧为东起延绥镇饶阳水堡西界，西达兰州、临洮，绵延千余里，明后期改线重建。

该镇长城为黄土夯筑，筑造质量较差，遭到严重破坏，遗迹大多无存。今在同心县发现下马关关城遗址及关城向东延续的30多公里夯土墙体，墙体存高2—5米，基宽4米。沿长城犹见6座夯土墩台，存高达10米以上。临潭、卓尼县尚可见到长约100公里的夯土城墙遗址。

甘肃镇

甘肃镇长城主要位于甘肃省，总兵官治甘州卫（今甘肃张掖）。由于河西走廊孤悬黄河外，屡受蒙古部落和吐鲁番的侵扰，于是修筑长城。

该镇长城东南端起自兰州市，与固原镇长城相接。西北走向，循庄浪河东岸北上，过永登县、天祝县乌鞘岭、景泰县、古浪县，渡古浪河，在武威市南与"松山新边"汇合，新边在景泰县过黄河，沿靖远县黄河南岸东行，与宁夏镇长城相接。长城自武威市北入民勤县。长城在民勤县分内外两线，内线自民勤南径往西北至永昌县；外线趋往

东北，穿过腾格里沙漠西缘，转西折南抵永昌县与内线相汇。长城自永昌县又西北行，傍龙首山、合黎山南麓入山丹县、张掖市、临泽县、高台县，越黑河经金塔县、酒泉市，至嘉峪关，止于祁连山支脉文殊山北麓，全长800多公里。

甘肃镇长城遗址虽经风沙剥蚀堆埋，但仍保持连贯的墙体，山丹境内还保存着一段两条以十余米间距平行的墙体。

南方长城

明代不仅在北方修筑了万里长城，还在湖南凤凰修筑了"南方长城"。

明朝时期，在今天的湘西地区和贵州东部铜仁地区，分布着许多苗族部落，他们多居住于山寨岩洞之中，生活方式比较落后，在接近汉族人的地方，接受了先进的经济、文化，生活方式比较进步。于是，苗族百姓就被划为"生苗"和"熟苗"，就像北方的生女真、

熟女真一样。明朝对苗族人采取羁縻政策，用"以夷制夷"的方法，常把苗族首领任命为官吏，被称作"土司""土官"，让他们去统治本族。熟苗与生苗为了争夺山林、人口常常发生械斗，生苗又不服从朝廷政府管辖，因不堪忍受政府的苛捐杂税与民族欺压，经常揭竿而起，而熟苗也时叛时服。

为了减少矛盾，明廷拨4万两白银，在生苗与熟苗之间修筑了这道长墙，把湘西苗疆南北隔离开，以北为"化外之民"的"生界"，规定"苗不出境，汉不入峒"，禁止了苗、汉的贸易和文化交往。因为这道边墙属于生苗、熟苗的界墙，是明朝政府为了加强对生苗的统治而修筑的，而不像其他长城一样是为防御敌国、敌族而建的，所以有学者认为，它不能被称作长城，而应称为界墙、长墙。

凤凰南方边墙始建于明嘉靖三十三年（公元1554年），竣工于明天启三年（公元1622年）。南起凤凰县西的亭子关，经阿拉营、拉毫关、镇竿城、得胜营、竿子坪长官司、乾州元帅府，直到喜鹊营。全长382里，被称为"苗疆万里墙"，是中国历史上工程浩大的古建筑之一。城墙高约3米，底宽2米，墙顶端宽1米，绕山跨水，大部分建在险峻的山脊上。

南方长城是一条由汛堡、碉楼、屯卡、哨台、炮台、关门、关厢组成的军事防御体系，以此孤立和征服苗族。长墙是沿山靠水，就地取材而建成的：如果有石头，就用石头来垒筑；如果没有石头，就用黄土夯制。尽管它没有北方历代长城那么高大，但它的军事建筑，如哨卡、堡垒、关口等等，比北方长城更为密集。

067

第六章 清代：众志成城

康熙帝在德不在险

世人都以为清朝没有修过长城，这与清初的皇帝非常高调地称"帝王治天下在德不在险"有很大的关系。最著名的当是康熙的一段话了，《清圣祖实录》载：康熙三十年（公元1691年）五月，古北口总兵官蔡元向朝廷提出，他所管辖的那一带长城倾塌处甚多，请行修筑，以固边防。康熙皇帝看罢奏本，没有准奏。他在上谕里说："秦始皇筑长城以来，汉代曾予增筑，后代亦常加修理，其时岂无边患？明末，我世祖皇帝亲统大军长驱直入，明军诸路瓦解，皆莫能当，可见守国之道唯在修德安民。民心悦则邦本得，而边境自固，所谓众志成城者是也。如古北口、喜峰口一带，朕皆曾巡阅，概多损坏，今欲修之，兴工劳役，岂能无害百姓？且长城延袤数千里，养兵几何方能分守？"

后来，康熙皇帝到东海巡视时，在北出京城

道经明长城的关隘险要之处，也大发议论作诗抒发这一观点，如在《出畿东观秋成》诗中有云：

　　　　古北龙旗近，渔阳凤辇行。
　　　　戍楼烽火息，险岂借长城。

又如《古北口》诗云：

　　　　断山逾古北，石壁开峻远。
　　　　形胜固难凭，在德不在险。

后来的乾隆、嘉庆等皇帝也写过类似主张"在德不在险"的诗作。

清统治者在民族关系方面的确也采取了较为高明的怀柔政策，并取得了良好的成效，亲近蒙、藏各族的上层王公贵族，利用宗教

信仰，用思想统治的办法代替了浩大的长城工程，并成绩斐然。所以康熙非常得意，他说："昔秦兴土石之工，修筑长城，我朝施恩于喀尔喀（漠北蒙古的一部），使之防务朔方，较长城更为坚固。"

然而，在当时的西北地区却生活和活跃着众多的民族，有的势力非常强大，且不听命于清廷，其中蒙古准噶尔部就是如此。准噶尔部属于漠西瓦剌蒙古（清初称之为"厄鲁特"）中的一部，游牧于新疆的伊犁一带。明清之际，势力日益壮大，占据天山南北，与清廷为敌，直接威胁到清边疆的稳定和安全。康熙于公元1690—1695年间3次亲征并挫败噶尔丹。后来准噶尔部又插手西藏制造内乱，乘机大肆焚掠，康熙于公元1718年派兵入藏平息了变乱。

雍正、乾隆年间亦多次用兵平叛准噶尔。至乾隆二十二年（公元1757年），清再派大军攻占伊犁，平定了准噶尔部。乾隆立即在伊犁等地分置将军、参赞大臣等，巩固了对天山北路的统治。其后，被准噶尔所掳的维吾尔部首领大、小和卓逃回南疆企图割据，起兵并号召各部反清。乾隆二十四年（公元1759年），清

军分两路出击，平定了反叛，统一了天山南北。乾隆二十七年（公元1762年）加强和完善了军事、政治和经济的措施，从此新疆全境直接划归清朝版图。

西北的回族在明代已发展成单一的民族共同体，主要聚居于陕西、甘肃、宁夏等地。清初，回民就参与了当地农民军的抗清斗争。清廷发动大军镇压，但后来的起义活动还是时有发生。自元代起就居住在青海省东部的撒拉族，因不堪忍受清政府的征调负担以及当地宗教上层和土司的盘剥欺压，于乾隆四十六年（公元1781年）也掀起了反清斗争。

因此，在清政府看来西北地区不仅民族众多，而且是一个多事的地区。于是清政府大量派兵驻守，建立战略要地，设戍堡、驿站、炮台和卡伦（蒙语，即哨卡），同时还修缮了明长城一些地段的墙体和烽火台，也构建了不少的烽火台，建立起一个庞大而严密的军事统治体系。这些军事设施在西北的大地上仍留有遗迹，如在新疆和甘肃就发现清代烽火台约百余处，新疆的烽火台以东部哈密地区最多，约有30余座。

内乱无长城

清朝的各族农民起义和反清运动此起彼伏，鸦片战争之后，清政府为了向英国赔款，大量搜刮白银，资本主义国家工业产品和鸦片的大量输入，使中国自给自足的自然经济遭到严重破坏，社会矛盾日益激化。安徽、山东、河南和湖北一带出现了贫苦农民反清结社组织——捻党，该组织不断壮大，成为一支强大的农民起义军，活动在太平天国北方地区。太平天国革命斗争失败之后，捻军继续进行抗清斗争。

同治四年（公元1865年）的上半年，捻军在与清军的战斗中接连取胜，特别是五月在山东菏泽高楼寨消灭了清廷科尔沁亲王僧格林沁马队及所部一万多人，僧格林沁也被击毙。消息传出，朝野震动，惊骇中，清廷只得依靠汉人掌兵，急调曾国藩率领湘军北上。

当时，清军战马极少，甚至无法与捻军抗衡。于是，曾国藩另辟蹊径，首先在运河、沙河、贾鲁河沿岸构筑长墙工事，并发展成由点到线的防御体系，长墙工事即清代长城。这种对付捻军的方法成为置捻军于死地的战略战术。

清政府重修了位于山东的战国齐长城，甚至在长城之上增修垛堞、券门、马道，乃至关隘。如章丘市与莱芜市莱城区交界线上大厂北山至鲁地北山长3600多米的墙体、锦阳关两侧山上长760米的墙体，皆为清代所修补，墙顶上建有垛堞和站台。锦阳关原有石碑记此段长城为咸丰辛酉年（咸丰十一年，公元1861年）建。青石关上原遗有曾国藩的"曾王所栖处"碑一通。现存关北门由青石和石灰岩砌筑的券门上嵌清代人阴刻楷书"青石关"门额。长城沿线的城堡、要塞和兵站遗址有的也属清代建造。一般认为清王朝在齐长城上大举修缮、增建，是为了抗击捻军农民起义。

捻军被镇压之后，清军转而北上，进入山西，在晋陕峡谷东岸沿河布防，抵挡西北起义军东进。现存于山西境内的清代长城就是在这一时期修筑的，它南起自乡宁县枣岭乡毛教村，沿黄河北上经吉县，抵大宁县徐家垛乡窑子村北，全长约120公里。

清代长城不像历代长城那样沿山脊腾空崛起，呈雄伟挺拔之势；而是横卧在奔腾咆哮的黄河之滨，犹如一条巨龙奔腾欲飞。它的墙身前临大河，后依峻岭，一座座方形炮台凸出墙外，巨大的炮口射孔对准渡船靠岸的码头水湾，壁垒森严，虎视眈眈。其布局不像明代长城那样连绵不断，而是因地制宜，根据地势、要隘具体情况当密则密，当疏则疏。修墙砌垒时就地取材，巧用山河实物。

工程设计集历代经验之大成，开时代之新风。清代长城既沿袭了两千多年来冷兵器防御体系的固有型制，又初露火兵器防御体系的苗头。

明朝末年，苗族发动起义，把明代时修建的凤凰"南方长城"夷为平地。进入清代后，清朝政府在"南方长城"的旧址上重新建起了新的长城，继续防御苗族人民的反抗斗争。

龙兴之地的长城

除上述长城外，清代还存在一种另类的长城——柳条边。

众所周知，满族发祥于东北地区。满洲贵族一贯视这里为"龙兴之地""国家根本重地"，是绝不许外人侵犯和随意出入的禁地。为了保护这"龙兴之地"，保护八旗人民的利益，清统治者修筑了"柳条边"以标明禁区的界线。规定满洲族以外的人民是不能进入该地区放牧和狩猎的，甚至蒙古牧民也不能入此禁地。

不仅如此，柳条边也限制边内的人擅自到边外去，因为柳条边外有满洲贵族专有的围场和采参、采珠之地。还明文规定，乌拉（吉林）一带地方，只准许王、贝勒、贝子、国公派遣打牲壮丁采捕人参、鳇鱼、珍珠和貂皮等物，其他官民人等一概不得私自采捕。在吉林省永吉乌拉街设立打牲乌拉总管衙门专司为清王室提供贡品。

柳条边并非军事对抗的工程设施，因此构筑比较简单。据记载，它是掘土为壕，垒土为墙。壕口宽8尺，底宽5尺，深3尺。堆土于内侧成墙，于其上插种柳枝，每五尺3株，用绳联结，即所谓插柳结绳，年长日久，柳枝长成大树，故又称"柳边""条子边"或"柳条边墙"。

柳条边从皇太极崇德三年（公元1638年）开始经营，至康熙二十年(公元1681年)完成,历时40余年,前后筑有老边、新边两道。

老边修筑于崇德三年至顺治十八年(公元1661年)。全线位于辽宁省境内。东端起自东港市长山镇窟窿山南黄海滨,向北经凤城市(凤凰边门、叆阳边门)、本溪、新宾(兴京门、旺清门)、桓仁、清原、西丰、开原(威远堡边门)、昌图、法库诸县、新民市(彰武台边门)、彰武县、黑山县,转西经阜新县、清河门区、北票市、义县,向南延向凌海市、朝阳县、葫芦岛市南票区、连山区、兴城县、绥中县,达明蓟镇明长城。它的走向几乎与明长城平行,全长约975公里。

新边修筑于康熙九年至二十年(公元1670—1681年)。它南端与老边的开原威远堡相接,走向东北,经昌图进入吉林省,经四平市(布尔图库苏巴尔汗边门)、梨树县、公主岭市、伊通县、长春市、九台县、德惠县,至舒兰县(法特哈边门),全长约345公里。新边遗址保存较好。新边的修筑同时也是为了划分满洲贵族与蒙古族的游牧疆界。

值得一提的是,对于以上介绍的"清代长城"的认定,在长城研究者中还存有争议,很多学者认为明代是中国历史上最后一个修筑长城的朝代,清代没有修筑过长城。理由是:首先,清代对战国齐长城只是修补,并不是修筑了新长城。其次,即使在山西等地新建起来的军事防御设施也不能称为长城,只能叫作"长墙",这是由于"长城"一词是带有政治色彩的,是用来对抗外敌的,而捻军是农民起义军。再次,长城是"古代边境御敌军事建筑工程",而清代大规模修筑"长墙"是在1840年以后,中国已从古代进入到近代。最后,至于柳条边的构筑不完全等同于长城,也不如长城坚固,更不具有军事对抗性质,它只是清王朝为了保卫满洲贵族特权地域所设的禁区标示而已,因此,柳条边同样不能算作长城。

第七章 伟大的人造工程

在世界建筑史上，万里长城是修筑最早、长度最惊人、工程最为浩大、建造技术最高超的大型人造工程之一。长城这种体积庞大的古代军事建筑工程，是由城墙和附属设施两部分组成的，每一部分又由许多建筑实体组成。万里城墙把成百座雄关、隘口，成千上万座敌台、烟墩连成一气，成为一项古代建筑工程史上的奇观。

作为一座特殊的建筑，有人说那是一种凝聚的力量，有人说那曾是社会前进的保证，有人说那是一种民族的精神……可以说长城作为民族的象征已经赢得了全世界的关注。美国前总统尼克松在参观长城后说："只有一个伟大的民族，才能造得出这样一座伟大的长城。"长城作为人类历史的奇迹，被列入世界遗产名录，是当之无愧的。

防御的城墙

长城本体即长城的墙体，以及在长城墙体上修筑的各种军事防御设施，如城门、瓮城、敌台

等建筑物。

城墙是长城的主要建筑工程，古时"城"与"墙"同义，长城实际上说的就是长墙，所以我们在识别和认定长城时，墙体的长短就是一个重要的依据。我们在长城简史中已经提到过，修筑长城的主要目的是防御游牧民族骑兵的掠夺，所以城墙必须绵长，才能达到御敌的目的。长城或者数百公里，或数千公里以上，最有代表性的就是秦代和明代的万里长城。长城所经过的地区地势千变万化，不尽相同。有的地方是不利于敌人前进的险峻的高山，有的地方是便于骑兵飞驰进攻的旷野，而游牧民族的进攻往往会选择最容易攻入的交通要道。因此，在长城修筑过程中，往往在要害地区增修长城墙体，即长城的支线和复线。支线是与长城主干相连，从长城主干分支出去的墙体。复线是与长城的主干不相连接，呈平行走向的墙体。

历代长城的城墙建筑形式、建筑方法和建筑结构都不完全相同，即使是一个朝代的城墙也是因地制宜，在结构和形式上各具特色，因此，我们以现存比较完整的明长城为例。

北京居庸关八达岭长城，是明代长城中保存完整、建筑雄浑的一处。城墙平均约7米高，在山势陡峭的地方，城墙就比较低一些，约3—5米，地势平缓的地方，城墙较高。城墙内部较低，外部较高，这样可以更好地阻止敌人的进攻，充分体现了"用险制塞"的原则。

城墙墙基平均约 6.5 米宽，顶部只有 5.8 米，断面上小下大呈梯形，这样墙体会更加稳固，不易倒塌。在墙里侧的一面，每隔不远就有一个用砖或石头砌成的圆形拱门——券门。券门内有用砖或石梯通到城墙顶上，守城的士兵可由此上下。石砌的券门拱顶、门框、门槛大都是用石块事先在石塘（加工场所）内预制好，运到现场安装的。城墙墙身用整齐的条石砌成，内部填满石块和灰土，非常坚固。城墙墙顶是用三四层砖铺砌而成的，最上面一层用方砖铺砌，下面二层、三层用条砖铺砌。用纯白灰砌缝，砖缝中连野草都难以生根滋长，可见砌得十分严实平整。

在十分峭拔险要的地方不便铺砖，于是砌成梯道，以便军士上下，墙面上大约宽 4.5 米，可以容下"五马并骑、十人并行"，墙顶靠里的一面，用砖砌成高约 1.5 米的女墙，靠外侧一边砌成高约 2 米的垛口。每个垛口上部有一个小口，叫作瞭望口，是用来瞭望敌人的；下部有一个小洞，叫射眼，是用来射击敌人的。

城墙墙面上有排水沟，用来排除墙面上的雨雪积水，排水沟外还有一个长长的石槽伸出墙外,叫吐水嘴,以防雨水冲刷墙体。

除上面简要介绍的八达岭长城城墙构造,其他各地、各朝长城城墙的形式和结构种类还很多。就地取材是长城修建时的一项基本原则,长城所用大量的土方、石方等,都是就地取材。如在崇山之中,便开山取石垒墙。在平原黄土地带,则取土夯筑城墙。在沙漠地区,便用芦苇或柳枝条,进行层层铺沙修筑。据学者调查,在东北的辽东长城就至少有7种筑墙形式:用版筑的夯土墙,利用自然地形在山梁上砌筑的石墙,用石块垒起的石垛墙,利用险峻山岭人工劈凿出来的劈山墙,利用悬崖险阻之势作为障壁的山险墙,用柞木编制而成的木栅墙,用木板做成的木板墙等。在嘉峪关还有利用悬崖设立木榨的崖榨墙,玉门关汉长城则用红柳条与芦苇层层铺上砂石的城墙。可谓多种多样,丰富多彩。

古代修筑长城在管理上是很严格的,以明代为例,在每段建好之后,都要立碑。立碑不是为了表彰功绩,而是详细记录了每次修筑的小段长城(包括敌台)的位置、长度、高度、底顶宽度,除此之外,还刻上了督理官员的官衔姓名、部队番号、施工组织者及施工人员乃至石匠、泥瓦匠、木匠、铁匠、窑匠等的名字。这样一旦出现问题就可以很快找出负责人,提高工匠的责任心。不仅如此,明朝修建长城时还实行十分完善的承包责任制,就是把长城分成多段,分段承包给驻守的军队,然后再层层下包,最后落实到守卒身上,而建材的征集也是采用这种办法分派到各部队甚至州县政府。

长城有许多是沿着山岭脊背修筑的,材料运送和施工都相当困难。根据文献记载和传说,运送建筑材料的方法大致有3种。第一种也是最主要的是依靠人力运送。修筑长城所用的大量砖头、石灰等,往往是用人力背扛或用筐挑、杠子抬等方法运上去的。在难以行走的地方人们就排成长队,用传递的方法把修筑材料传递到施工处。在冬天则在地上泼水,利用结冰后摩擦力小的道理,推拉巨大的石料到施工现场。第二种是利用简单的机具。如利用各种各样的车子、滚木、撬棍及绞盘（辘轳）等，还有在深谷中用"飞筐走索"的方法，即把建材装在筐里，从两岸拉紧拉牢的绳索上滑溜或牵引过去。第三种是利用动物运输。有的长城修在山上陡峭处，人空手都不容易爬上去，更不用说负重背拿建筑材料了。修筑中充分利用了善于爬山的山羊和毛驴，把盛满了石灰等材料的筐袋架在毛驴背上，把砖块等系在山羊角上或驮在山羊背上，然后把它们赶上山，以此法来解决问题。

除了运输问题，如何在高山低壑中找到修建城墙及关塞的基地是件重要的工作，历代长城工程普遍都采用"因地形，用险制塞""堑溪谷，因边山险"的指导原则。因险阻敌，对于防御有很大的帮助，却给修建工作带来了很大的困难。长城的修筑者们巧妙地选择有利地形，他们总能在看似不可能的地方建起一道道坚固的城墙，这样可以利用悬崖的险峻，而不用花太多工夫去修城墙。他们修建的长城外险内缓，既有利于御敌，又有利于戍边士兵的日常生活和守卫工作。

城墙上的设施

长城墙体是防敌的主体，为了增强长城墙体的防敌功能，在长城墙体上往往修筑有许多建筑设施。我们以几种具有代表性的设施做简要的介绍。

关

在古代诗词中，常出现"关山""关津"等词，有时把塞、隘等称作"关塞""关隘"。那么"关"指什么呢？

"关"，原指门上的拴，也作关闭讲，长城的关非常多，是长城防守的重点，也是平时出入长城的要道。在长城墙体上，必须留下可以出入车马的豁口。出于安全的考虑，城墙上的豁口不能只设有城门，通常要建筑一座具有各种军防设施的城堡，这种城堡被称作关或关城。关或关城，是在修筑墙体时一同构建的，其规模的大小视其重要性而定。关城的城门，要按时打开和关闭，以便于行人和车马的出入。

通常关、关城有严格的管理制度，必须持有证件方可出入。

唐代出入关的证件被称作"过所"，是盖有官印的凭证。官方使节出入，要有文书为证，守关者验证放行。按照古代的习惯，塞上之门、界上之门称作关，汉代的玉门关、阳关都是以此得名。

汉代著名的玉门关在疏勒河南岸交通要道上，控制东西交通。阳关在阿尔金山红山口中，控制南北交通，史载汉武帝时李广利伐大宛损失惨重，欲回玉门关休养补充人马，"天子闻之，大怒，使使遮玉门关，曰：军有敢入，斩之！"可见关守之重要，后代的关城也是如此。

关城多建在交通要冲处，齐长城上设有许多关隘，此后历代长城线上也都设有关城，其中以明代长城最多。明长城蓟镇长城上关隘比较多，比较著名的有山海关、桃林口关、刘家口关、喜峰口关、黄崖关、古北口关、慕田峪关、居庸关等等。

瓮　城

瓮城别称月城，是为了加强城堡或关隘的防守，而在城门外（也有在城门内侧的特例）修建的半圆形或方形的护门小城，属于中国古代城市城墙的一部分。瓮城之名来自陶瓮。陶瓮的特点是口径小，腹部大，是盛装粮食、酒水的一种容器。瓮中之物出入比较困难，故有"瓮中捉鳖"的成语。

瓮城与大城城墙围成了封闭的空间，大城城墙和瓮城城墙上均设防，一旦有敌人破门而入，冲入瓮城之内，大城城墙和瓮城城墙上的士兵，便从四面攻击，使敌人陷于被动。

瓮城的城门通常只设一门在大城城门的旁侧，与大城城门不在一条直线上。人们进入瓮城以后，只有拐一个 90 度的弯，才能进入大城城门。这种结构布局非常巧妙——从瓮城城门不能直接看到大城城内的情形，使敌人从城门外无法观察到城内的军事设施，更好地保证守城的安全。

瓮城的形式，是根据地形特点决定的，其平面布局一般有长方形和半圆形两种。半圆形的瓮城，形似初月，故而又被称作月城。

明代长城城关上多设有瓮城，例如嘉峪关关城上设东、西二瓮城，均为正方形。北京八达岭关城也有瓮城，也是方形的。其他关城瓮城，也大都为方形或长方形。在蓟镇长城线上分布着半月形的瓮城，半月形的瓮城极为罕见，是这个地区瓮城的明显特点。不过在辽东地区，一些瓮城多作半圆形，与北京地区有所不同。例如广宁中屯卫城、海州卫城、铁岭卫城、中前所城的瓮城，都是半圆形。辽东地区辽金古城比较多，瓮城全作半圆形。明代辽东卫、所城采用半圆形瓮城，很可能是受辽金古城影响的结果，具有明显的地方特点。

城　垛

城垛是指在城墙墙体的外部，每隔一段距离便要修筑一个平台，可以站立守城的士兵，射击冲到城墙墙根底下的敌人。

由于骑兵冲杀的速度非常快，瞬间就可疾驰至城下。这时，站在大城城墙上的士兵，很难从正面射击，敌人就可以趁机攻进城中。

如果站在侧面城墙上射击，便可以消灭军事死角，有效地打击敌人。于是，在城墙墙体之外，每隔一定间距构造一个平台，便于从侧面射击敌人，每两个相邻平台的间距，应当在弓箭的射程之内。

城垛是现代人所起的名字，实际上在古代，城垛即马面，因为它突出于墙体之外，就如同马头一样，因此而得名。

空心敌台

明代把马面称作敌台，并出现了大量空心敌台。据考古学家考证，空心敌台最早见于赫连勃勃（十六国时期胡夏国的建立者）的统万城。在统万城东南角的马面内部，有深6米、宽7米的空室，分为上下两层，在空室内发现有粮食、卵石。

明代时，空心马面（敌台）相当普遍。最初见于榆林镇边墙，在榆林市镇北台附近，至今仍可以看到空心敌台遗址。隆庆年间，戚继光总兵蓟镇时，使空心敌台得到普遍推广。戚继光在《敌台解》中，对空心敌台有如下说明："今建空心敌台，尽将通人马冲处堵塞。其制高三四丈不等，周围阔十二丈，有十七八丈不等者。凡冲处数十步或一百步一台，缓处或百四五十步或二百余步不等者。两台相应，左三相救，骑墙而立。""下筑基与城墙平，外出一丈四五尺有余，内出五尺有余，中空空豁，四面箭窗，上层建楼檐，环以垛口，内卫战卒，下发火炝，外击敌人。"据此可知，空心敌台不仅规模大，而且设施齐全，相比实心敌台（马面）有了很大进步。

在蓟镇边墙上，既有空心敌台，又有实心敌台。空心敌台多修建在要冲之地，在山海关、黄崖关、司马台、金山岭、慕田峪、八达岭等地所见较多。

女　墙

女墙俗称女儿墙，在长城墙体的顶部，内外两侧都筑有矮墙，用以保护在城墙上执行军事任务的士兵,防止他们不慎跌下墙来。这种矮墙的称谓很多,墙体外侧的矮墙(古称短墙),在古代称作睥睨,又作埤堄、俾倪,陴睨,又称作女墙。

"睥睨"的本义是斜视、轻视,从墙孔中观测敌情,常常采用斜视之法,故用睥睨来称谓大城之上的矮墙,即墙上之墙。古代男尊女卑,以女喻小的事物,因此称之为女墙。

在古代,睥睨又被称作雉堞。按照古人的解释,城墙长三丈、广一丈为雉,则雉是用来计量城墙面积的单位名称,与今日的平方米相似。堞,是指矮(短)墙上的齿状(山字形)。因此,雉堞的本义,便是齿状(山字形)的矮(短)墙。

女墙上方的缺口,是用于观察敌情而设的,称作垛口。明代长城在外侧女墙上,往往留有观测孔,对于士兵而言,从墙孔观测要比在垛口观测更安全一些。明代外侧女墙上,还留有比较大的孔洞,便于射击敌人和施放滚木礌石,称作磕石孔。

马　道

马道最初是指校场(练兵场)上的跑马道,后来被移用到城墙上来。

长城上的马道有两种:一种是修建于长城城墙的内侧,是一种比较长的斜坡道,有的做成阶梯状,便于士兵登城、下城,以及运送军械武器和食物;另一种是在长城墙体顶部,即内、外女墙中间留下的走道。它随地势而起伏,有的地方平缓,容易通行,而有的地方陡峭,则用青砖或石块砌成阶梯状。这种人行道也被称作马道,其宽窄因地势而定,很不一致。北京八达岭长城顶上的马道,宽4—5米,是最宽的马道了。在其他地方,有的长城上面的马道只有2—3米或更狭窄一些。可见,长城内侧的马道和城墙顶上的马道,并不能跑马、行马,只能供守城的士兵行走。所谓马道,

实际上是人行道。

城　楼

　　城楼是指城墙上的门楼。在城门的上方多层的建筑物，古代将两层以上的建筑物称作楼。城门处的建筑物多在两层以上，因而被称作城楼。

　　在城上修筑巍峨高大的建筑物，是为取得军事上的主动。因为只有掌握敌军的活动情况，如兵马多少、距城远近、装备情况，才能采取正确的防御措施。这就需要登高望远，及早发现敌情。高大多层的城楼，正是瞭望敌人的有利位置。此外，当敌人逼近城下的时候，高大的城楼由于距地较远，使敌人的弓箭减弱了破坏力。而从城楼向下射箭或投石，就很容易起到威慑敌人的作用。

　　城楼不限于城门处，在城之四角亦建有楼台，称作角楼。在城墙马面处，有时也设有楼台，称作战棚或敌楼。

吐水嘴

　　明代长城墙体较宽，在夏、秋多雨的季节，墙顶马道的积水往往流向低洼处，形成积水。如果水积得时间过长，就会渗入长城墙体之中，损坏墙体，引起砖石崩落，所以必须采取排水措施。明长城在女墙之旁设有排水沟，通过排水孔将水排到墙外。

排水孔俗称吐水嘴。为了使吐水嘴结实耐用，一般用石雕成嘴。还有些比较讲究的吐水嘴，雕成了龙嘴的形状。这是因为传说龙治水，期望能避免城墙上发生水患。在北京八达岭长城上，就可以看见排水沟和吐水嘴。

水　门

于群山中绵延起伏的长城墙体，要经过许多山涧。山涧的流水对长城墙体构成了巨大的威胁，如果不加以输导就会冲毁长城墙体。为了避免水患，在长城墙体的下方要构建流水的通道，称作水门，又称作水关或水窦。水门必须经久耐用，因此，水门多由大条石构建，既经得住长城墙体的重压，又能够耐得住流水的冲刷。

暗　门

长城墙体上只靠关门（关城）出入人马，难以满足军事需要。于是，又设立了许多狭小的便门，这种小便门称作暗门。暗门设置比较隐蔽，不易被敌人发现，可避免敌人利用攻城，暗门之名即由此而来。暗门用于战争紧急之时出兵之用，故而又称作警门。

保障的系统

长城的附属设施，是指在空间上不与长城墙体相连接，但从军事角度来看，却与长城墙体密切相关，具有辅助性，它们与长城本体构成了复杂的军防体系。长城的附属设施，包括烽燧、天田、羊马墙、陷马坑、加工场等。

烽 燧

烽燧即烽火台，又称墩台、边台，是利用烽火、烟气来传递军情的建筑。在黑夜，火光最显而易见，故而黑夜以举火为信号。在白天以黑烟最为明显，故白天则以放烟为信号。传说戍边的将士常用在山间捡的狼粪为烽火台的燃料，因为其燃烧时发烟量大，烟气直上，不易被风吹斜，故而在小说戏曲中又把烽烟称作"狼烟"，至于其真实性还有待考证。

中国古代烽燧出现很早。我们在开头所讲的周幽王烽火戏诸侯的故事，就说明了在长城修筑以前，烽燧就早已用于报警通信。烽燧最初出现的时间，很可能是西周之初或殷商之末。

我国古代的烽燧遗址，以汉代和明代居多。汉代烽燧遗址主要分布在西北地区，由于气候干旱、居民稀少，许多烽燧遗址得以保存下来。在疏勒河流域、额济纳河流域、罗布泊沿岸，至今仍可以看到许多烽燧用的大土墩子。

明代的烽燧遗址，以京师以北以东的蓟镇和辽东镇长城线上保存最好。因为这里地处山区，烽燧台子多用砖石砌筑，并且时代较晚，保存相当完好。

烽燧所传递的军事信号，并不限于火和烟，有时还用旗帜，例如在降雨之时，柴草不易点燃，在这种情况下便用旗帜来代替。这种旗帜在古代称作"表"，用红色的布帛制作，血红的颜色可以传得很远。用旗帜传递军事信号，相当于今日的旗语。

明代蓟镇长城上的烽燧也是以烟、火传递敌情报警，不过随着科学技术的进步，已有了助燃剂，如在柴草之中加上硫黄、硝石，可以延长燃烧时间，使烟、火更加浓重持久。

古代在放烟、火的同时，往往还要敲击战鼓。明代在放烟、火的同时，还以鸣炮报警。而且有明细的规定：敌人在百人左右，放一烟一炮；五百人左右，放二烟二炮；千人左右，放三烟三炮；五千人左右，放四烟四炮；一万人以上，放五烟五炮。

由于传递军情的重要性，所以历代对烽燧的管理都十分严格，燧卒不能擅离职守，否则会受到重罚。

烽燧作为中国古代的军事通讯系统之一，前后存在了3000多年，因此给人们留下了深刻的思想烙印，至今人们仍常常用"烽火狼烟"来作为战争的一种替代用语。

天　田

在军事活动中，侦察敌情特别重要。如果能够事先侦察到敌人的踪迹，便可以主动采取相应的防御措施，粉碎敌人的进攻，取得胜利。因此，古往今来军事侦察备受重视，如今在军队中设有侦察部队，古代也有各种不同形式的侦察手段，天田便是其中的一种。

什么是天田呢？天田就是在边塞的重要地区，敌人经常出没的地方，在地表上铺上一层松软的沙子，敌人经过这里就会留下人马的足迹，据此判定敌人的数量和来去的方向。这与猎人侦察野兽出没的古老方式很相似。他们会在野兽常出没的地方撒上沙土，有经验的猎人根据踪迹，就可以判断野兽的雄雌、大小、行走的方向和走过的时间等。

设置天田，最基本的要求是将地表整治平坦，然后在平坦的地表上撒上细沙，只有这样才会留下行人的足迹。西北地区的戈壁上，地表布满了大大小小的砾石，踩上后不易留下足迹。所以，在整治地表的过程中，砾石（包括部分沙土）被推移到两侧，从而形成了低矮的土棱子，如两道矮墙，被称作"双重塞墙"。如果砾石被推移到一侧，就只留下一道"塞墙"了。

羊马墙

羊马墙又称羊马城，即在主墙以外修筑的、与主墙相平行的城墙，用以增强主墙的军事防御能力。羊马墙在大城主城墙以外、护城壕以内，距大城墙很近，城墙高只有8尺至1丈，比大城墙低矮许多。它是敌人攻城时所遇到的第一道防御工事。守城士兵以羊马墙为掩护，可以就近打击敌人，削弱敌人的锐气，杀伤敌人的有生力量。

羊马墙早在西汉时期就出现了，明代长城上也可看见。在河北抚宁县板厂峪明蓟镇长城敌楼的外侧、山海关角山明长城上、宁夏盐池县明长城城堡外侧都发现有羊马墙。

陷马坑

在古代，北方游牧民族一直是中原政权的巨大威胁。游牧民族长于骑射，骑兵运动速度快，机动性比较强。针对这一特点，研究出了防敌制胜的巧妙措施，即"陷马坑"。

陷马坑出现很早，在汉简中就有陷马坑的字样。自汉代以后，历代都利用陷马坑制敌。在河北省抚宁县驻操营乡板厂峪村北的燕山上，有一段保存相当完好的长城。长城墙体的外侧，散布有许多大土坑，这些大土坑显然就是陷马坑。陷马坑分布在板厂峪西峪南线长城北侧，在一条山间沟谷西侧的开阔地中。300多个矩形陷马坑依"品"字形或网络状，密集相连，组合成了防御严密的拒马大阵。陷马坑均由石块垒砌而成，长3—3.5米，宽2.5—3.2米，深约80厘米，占地面积8—10平方米，陷马坑之间的石墙宽约1米。有很多陷马坑保存完好。在陷马坑内曾多次出土过保存完好的铁蒺藜和陷马陶筒。陷马坑在长城防御体系中，对阻挡北方游牧族的骑兵很有作用。

根据《通典》的记载，陷马坑窄而长，呈长方形，人马误入其中即难以活动自拔，鹿角枪、竹签可以使人马致死。所谓鹿角枪，是一种头部多叉状的利器，与竹签一样都可刺死刺伤落入陷马坑中的敌人。在陷马坑的上面覆以茅草，撒上一层薄土，加以伪装。陷马坑与猎人捕捉野兽的陷阱十分相似，很可能是受猎人陷阱的启发而设计的。到了明代，长城线上的陷马坑被广为利用，在明朝人记载中，被称作陷马坑或"品字坑"。

加工场

修筑和维护长城的过程中，需要各种建筑原材料，如石料和泥土等都是构筑墙体的主要材料，于是取土场和采石场就产生了。有些地方要夯打墙体，要用木夹板，需用大量的木材，则产生了伐木场。同时，烧砖要有砖窑，生产石灰要有石灰窑，挖取和加工石料必须使用铁器，这就需要铁作坊。这些都是长城的重要附属设施，而且为了便于运输，加工场应建于长城附近。

随着时间的流逝，明代以前的长城沿线加工场，至今已难发现，明代的长城规模最大，距今年代也较近，所以长城沿线的加工场发现比较多。北京门头沟区明长城沿线，砖瓦窑、石灰窑保存比较多。柏峪村、瓦窑村和洪水村都发现了明代的砖瓦窑。窑呈圆形，直径3米左右。遗址中发现的青砖一般长约37厘米，宽约18厘米，厚约10厘米，比普通的民用青砖大许多。柏峪村附近有天津关城和许多敌楼，所用的砖就是来自柏峪村窑场。在瓦窑村附近为明长城梨元峪口，洪水口村附近有三座敌楼，窑场在敌楼附近，可见是为修建敌楼而建此窑场。

用青砖砌墙必须使用石灰。石灰又称白灰，是作为黏合剂的材料。在北京门头沟的潭柘寺、妙峰山、色村坟、燕家台等地，都发现了古代的石灰窑场。石灰窑大多选在依山傍水的地方，这样便于开采、煅烧石灰石后用河水将生石灰消化。

在北京延庆地区的明长城附近，还发现了明代的高炉群。开山取石必须用到铁器。在长城沿线高立冶铁的高炉，就是为了满足铁器的需要，同时还可以用来铸造兵器。

岁月的流逝与历史的积淀，已让长城逐渐由雄峻的防御工事变为了一种文化的符号与象征。长城的缩影，更是一种历史内涵和文化的延伸。

第八章 不到长城非好汉

长城犹如飞舞于莽莽群山之巅的巨龙。"不到长城非好汉"早已成为家喻户晓的一句话。雄伟壮丽、历史悠久、内涵丰富的长城，吸引着越来越多的人。人们都希望能登上长城，看一看长城那屹立千年的伟岸，去领略那激荡古今的雄风。

曾被人遗忘的虎山长城

虎山长城是明长城辽东镇的东端，位于鸭绿江畔，爱河之滨与朝鲜隔江相望。介绍明代长城时我们已经提到，辽东长城在明史中有大量记载，但由于清初不再提及山海关以外的这段长城，于是它便渐渐不为世人所知，时间长了，就形成了"万里长城东起山海关"的误传。

虎山长城因筑于虎山之上而得名。从丹东市区出发，沿着风光迤逦的鸭绿江岸，往上游再走大约20公里，江南岸有一座很峭拔的山峰，挺立在鸭绿江边，这座风光秀丽的山峰就是虎山。虎山原

名马耳山，因两个山峰并排高耸，状似两只竖立的虎耳，亦称虎耳山，至清代演化为今日的虎山。虎山突起于鸭绿江边，平地孤耸，视野开阔，对岸朝鲜的田地、房屋一览无余。

长城选址虎山，确有军事意义。丹东历次被外敌入侵，虎山首当其冲，一直被视为军事要塞。在军事上，占据制高点，就等于控制了战斗的主动权，因此在虎山建长城顺理成章。

明代辽东防区主要在今辽宁省境，东至鸭绿江，西至山海关，地理位置十分重要。它如同一条巨大的臂膀，横亘在北京东侧，构成一道拱卫关内的军事屏障。

正是因为地理位置如此重要，洪武四年（公元1371年）七月，明朝设置辽东都卫于辽阳城（今辽宁辽阳），任命马云、叶旺为都指挥使，镇守辽东地方，领辖辽东诸卫军。马云、叶旺至辽东后，即修建城郭，缮甲兵，置军卫，建屯田，开始大建辽东边防。从这

时开始，辽东地区就成为明长城最东端的军事防区。

明成化五年（公元1469年），为了更有效地防御蒙古族的进攻，明廷命令辽东总兵韩斌，动用大量的人力、物力，连接起辽河流域的边墙，继续向东修建辽东边墙，一直修到鸭绿江边。韩斌在从抚顺到鸭绿江一线修建城堡的同时，还砍伐林木，增设了长城墩台，修筑断缺的城墙，充实军力。从此在沿途形成了烽堠相望、远近互援、彼此呼应的长城防御体系。

明成化六年（公元1470年），东州、瑷阳等地的长城，仍旧在不断地被修筑。在成化十五年（公元1479年）、弘治十五年（公元1502年）、嘉靖二十五年（公元1546年），又补修了山海关至开原、瑷阳，开原至鸭绿江的长城。

虎山长城遗址是近些年才被发现的。20世纪90年代初，文物考古部门发掘出虎山南北连绵不断的长城墙体和墙基，经过长城专家实地考察，认定它是万里长城的东端起点。现在看到的虎山长城，是在明长城遗址上修复起来的。虎山长城存有过街城楼、烽火台、敌台、战台、马面等12景。修复后的明长城依山就势，蜿蜒北去，与丹东市区近在咫尺，和朝鲜隔江相望。这里山川秀丽、江河清碧、气候宜人。临江峭立的虎山，于沿江丘陵中异峰突起，险峻挺拔，怪石嶙峋，风景奇绝。

天险要隘

角山，位于山海关城北3公里处，是长城自渤海岸边西来翻越的第一座山峰。山上巨石突起，似龙头之角，故称为角山。角山并不太高，海拔只有500多米，但清秀险峻，独具特色，特别是角山长城，更是别具一格。

角山地势险要，角山长城也险峻异常。这里的长城，或低缓蜿蜒，或直入云天，实为壮观。古诗云："自古尽道关城险，天险要隘在角山。"可见它的险要。

角山前有一座小关——旱门关，长城自此向北转，进入崇山峻岭地段。关口始建于明洪武年间，关城建有城台、城楼两部分。城台中心开一砖砌拱券门洞。1986年，修复关口时，在券洞上部新增

了石匾，镌刻"旱门关"三字。旱门关外侧土地平坦，适宜耕种，很可能是守关士兵种地打粮的地方。

角山山腰处有建于明初的角山关。此关为石筑，为不规则的四边形，东、北二边为长城主线。城南开一门，有通道可通山下。城内原有面阔5间、进深2间的建筑1座，是守城士兵存放武器、弹药、粮草的地方。

长城从山脚旱门关沿陡峭的山脊，层层拔高，扶摇直上，到山峰大平顶共延长1536米，建有敌台、战台5座，关隘1座。城墙大部分就地取材，毛石砌筑，局部为城砖和长条石砌垒，角山长城

095

的高度和宽度，有明显的随山就势的特点。这里长城高度一般为 7—10 米，宽度平均 4—5 米。在山势陡峭之处，也有利用山崖砌筑的，可窄到 2.7 米宽。这些墙段，外侧十分险峻，难于进攻，内侧又十分低矮，便于登墙作战。角山敌台位于角山制高点，势雄貌威，敌台建筑呈四棱台形状，整个结构为两层，台顶近正方形。顶上有垛口、女儿墙、瞭望洞、射眼等，内侧凸出 1 米，并有台阶，可供上下；外墙凸出 5 米，设有箭窗两个，中间宽 1.9 米，两侧各宽 1.8 米，券室之间有 3 道宽 1.15 米的拱门相通，敌台建筑可谓颇具匠心。

位居角山之巅的镇虏台是建于明嘉靖四十四年（公元 1565 年）的烽火台。镇虏台为四棱形实心墩台，平面为长方形。台体为砖石结构，下部用大块毛石垒砌，上部用白灰浆砌缝，台心为碎石掺土夯筑而成。从山海关城远远望去，镇虏台似一位英姿飒爽的卫士站立于角山顶峰。在边防吃紧的明代，它随时观察四周动向，准确预报敌情，成为山海关城居民安定生活的保障。

角山山腰丛林中有一座古朴雅致的栖贤寺，也称栖霞寺、角山寺，始建于明初。因环境清幽，远离尘嚣，即可观景，又可读书，是古时关城文人贤士读书讲学之所。明代书法家萧显、兵部左侍郎詹荣、监察御史郑己等，都曾寄居于此。角山寺建筑，历明清两代修建增补，就地选景，错落有致。碑碣文物，遗存甚多。但因年久失修，原寺建筑早已倾圮，现存为新中国成立后重新修建的。

板厂峪长城

除了像八达岭那样旅游开发成熟、知名度非常高的长城外，还有许多常年沉睡在崇山峻岭中，饱经风吹雨打，满身落下粗糙创痕的长城。地处河北省秦皇岛市抚宁县东北部山区的板厂峪长城便是这样一处。它是典型的处于原始状态的长城，虽然未经修复，但又

能完整体现古老风韵的长城，是不可再生的无价之宝。

　　板厂峪关是明万里长城蓟镇东协石门路的一个隘口，共有敌楼50多座，其中保存相对完好的有30多座。最高处敌楼修建在800余米的山顶上。连绵不断的板厂峪长城共分两条，靠南的是明早期修筑的长城，被当地人称为"老边"，是在洪武年间由大将徐达发动燕山等卫屯兵修建的。这个时期所修筑的长城线路与中后期的路线大致相同,多被中后期墙体所覆盖,早期长城大多为砌墙。此后,到了明朝晚期,在老边北面陡峭的山脊上又构筑了一条长城,即现在可以看到的砖结构城墙的长城,也就是蓟镇长城。

板厂峪的山势奇险,长城的墙体多建在陡峭的山坡上,为便于士卒爬上爬下,随山就势建有很陡的梯道。梯道外侧的垛墙,或降或升,错落有致,看上去十分壮观。

倒挂长城是板厂峪景区内知名景点,也是长城建筑史上著名的建筑方法,海拔800余米的悬崖峭壁,万里长城依山势而建,形如倒挂九天,其陡峭程度接近90度。从远处看,可以发现这里的长城龙腾虎跃,气象万千;从侧面看,呈直角,像是从天而降。板厂峪倒挂长城是万里长城中很少见的单片长城,也只有在板厂峪才会看到这样的特殊景象。

长城马道上每隔两三米就有一条排水沟,在每条排水沟靠外的一端,都有一个吐水嘴。长城沿线大多数的吐水嘴都是向着墙内侧,而板厂峪的这段长城的吐水嘴却是向外的,这同样也是在其他长城上很少看到的景观。

在介绍长城附属设施时,我们提到了板厂峪长城附近发现的用于防御的长城陷马坑。板厂峪长城陷马坑群规模宏大,数量众多,保存完好,在万里长城上也不多见。此外,板厂峪还因埋藏着万里长城迄今保存最完整的砖窑而闻名,这里目前是发现长城砖窑遗址数量最多的地方。长城砖窑的窑顶距地面约25厘米,顶部由胶土、碎砖等分隔层覆盖。经过了几百年的密封,窑中一层层码存的长城砖完好如初。窑里的长城砖有多种规格,重的约10公斤。据估算,每座窑内的长城砖约有5000块。

近年来,板厂峪长城一再引起社会关注的是另外一个新闻,即这里的长城多处留下了戚家军官兵的活动痕迹。

戚继光于隆庆二年(公元1568年)任蓟镇总兵官,并调来他手下英勇善战的南方子弟兵，来到了北方修筑长城，戍守边地。由于修筑长城的工程量巨大，而且守卫边地也是一项长期任务，出于稳定军心的考虑，明廷安排官兵家属随军。因此很多家庭就在北方边塞定居下来。士兵和他们的后代就在这里世代繁衍生息。

万历十年（公元1582年），支持戚继光的内阁首辅大学士张居正病逝。不久戚继光遭到排挤，被调往广东，后来又被罢职，并于万历十五年（公元1587年）十二月病逝。虽然这位"南北驱驰报主情，江花边月笑平生，一年三百六十日，多是横戈马上行"的一代英杰离开了他致力经营十几年的长城防御体系，可是戚家军的后代却在这片土地上扎下了根，一直坚守在长城身边。

在400多年的时间里，南军士兵的后裔一边经营着家庭，一边守护着长城。这些以义乌人为主的南方军人，虽然扎根在北方大地上，但沧桑的岁月并没有彻底抹去他们心中的思乡之情。他们世代思念着故土，并以家谱、碑刻和口口相传等形式，把先人的姓名、事迹和南方祖地的地名告诉后辈。

时至今日，这些来自南方将士的后裔，仍然生活在长城脚下。在董家口、城子峪、九门口、义院口、驻操营、板厂峪等长城附近的村子里，都有长城后裔聚居。他们中的很多人，多年来为长城的研究、保护和利用做了大量的工作。

悲壮的记忆

喜峰口，位于河北省迁西县城西北50余公里，发源于冀北山地的滦河，是河北省最大的河流之一。它穿山越岭，纵贯河北东部，雄踞在滦河河谷与长城相交之地。如今，喜峰口关隘和城堡都已经被潘家口水库淹没。喜峰口长城因历史久远但从未进行人工修复且保存完好而闻名。其主体已淹没于水库之下，水下部分墙体隐约可见，两侧跃出水面，是万里长城独特的一处景观。

喜峰口古称卢龙塞。东汉末期曹操与辽西的乌桓作战，东晋时前燕慕容儁进兵中原，都经由卢龙古塞。这里自古就是交通要塞，是北方游牧族军队南下的一个重要关隘，为兵家必争之地。关于喜峰口的得名有这样一个传说：相传古时有个年轻人久戍不归，他的父亲四处询问，找了好长时间，寻遍千山万水，终于在喜峰口找到了儿子。父子相逢于山下，相抱大笑。因为过度喜悦，父亲喜极而死，被葬于此处，所以此地被称为"喜逢口"。大约至明永乐以后，讹称为喜峰口。明景泰三年（公元1452年）筑城置关，称喜峰口关，今通称喜峰口。

喜峰口左右高山对拱，地势险要，是燕山山脉东段的重要隘口。到了明朝，因为喜峰口是东北方蒙古族进贡的主要通道之一，他们对这里的地理条件十分熟悉，所以蒙古军每次攻打长城，喜峰口必然首当其冲。

喜峰口关是明代徐达在燕山修筑的重要关隘之一。后来明朝历代不断修建加强喜峰口的防御建筑，景泰三年（公元1452年）七

月在关门上建了一座13米高的镇远楼。喜峰口关建筑结构十分独特,关有三重,三道关门之间由坚固的石基砖墙连接成一体,城墙的6个接触点均有空心敌台驻兵戍守,西城墙与长城主体相连。关口东南有石筑的喜峰城,高6.6米,西、南各有一门,城建在滦河之东。

滦河过去经常泛滥,两岸农田和房屋常遭水灾,严重时甚至冲毁过喜峰口、潘家口的长城城墙。1976年引滦入津,在这里修建了潘家口水库,潘家口水库的建成,使滦河不再为害。

水库蓄水后喜峰口的关城便被淹没于水中,水面上仅仅露出一小部分残垣断壁。长城顺着逶迤的山势一直伸向水岸边,便俯身潜入水中。长城入水约两公里后,又从对岸露出来,顺着山势攀上山脊,向西继续盘旋于崇山峻岭之间。只有枯水季节,才能露出部分关城残址。由于有了水,喜峰口沿线山上的植被更茂盛了,四季景色不同。湖光山色之中,长城在山岚翠绿中起伏。

在血与泪写成的抗战历史中,长城抗战的记忆无法抹去,而在长城各次战役中,喜峰口战役的胜利令国人欢欣鼓舞。

1933年1月初,日军侵占山海关,热河吃紧,平津危急。国民政府军事委员会北平分会布防,第三军团二十九军担任喜峰口至马兰峪方面的作战。3月10日凌晨,以宋哲元为总指挥的二十九军三十七师赵登禹、王治邦、佟泽光3个旅赶到,赵登禹率队在喜峰口附近与日军展开肉搏战。他们手提大刀,杀声震天,几处高地失而复得。

3月12日凌晨开始,赵登禹、佟泽光两个旅分两路包抄敌营。拂晓前赵登禹到达日军特种兵宿营地,大刀队如神兵天降,痛歼睡梦中的日军。据记载,从3月9日至3月13日的喜峰口血战中,歼灭日军4000余人。二十九军大刀队的神勇使得全国振奋,也震惊了日本。日本国内媒体惊呼"明治大帝练兵以来皇军名誉,均在喜峰口外被宋哲元剥削净尽也"。著名音乐家麦新受喜峰口血战鼓舞，创作了《大刀进行曲》。

冯玉祥与蒋介石中原大战失败后，原属冯玉祥的西北军被蒋介石收编建成二十九军，屡受冷遇。开赴喜峰口时，二十九军兵力虽有两万多人，但装备极差，重武器很少，弹药也不足，使用的步枪不仅样式陈旧、数量不够，许多还配不上刺刀，因此每人配备大片刀。二十九军的抗日勇士们用大刀砍掉了无数敌人的脑袋，然而大刀只是旧时的兵器，无论使用它的人如何神勇，也无法抵挡敌军的飞机炮火。1933年4月13日，二十九军撤出喜峰口，在兴城以北滦河西岸布防。4月14日，日军突入喜峰口。

喜峰口，中国军人在这里挥舞着大刀创造了抗日的奇迹。二十九路军大刀队为中华民族的骄傲。卢沟桥事变中，二十九军再次用大刀的神力向日本帝国主义显示了中华儿女的英勇无畏。

长城博物馆

司马台位于北京市密云县东北部与河北省滦平县的交界处，据传此地最早称"死马台"，因地势险峻，其台高坡陡，曾有人骑马路过时不幸落下台去，故称此名。后来人们觉得名晦气而不雅，便改为谐音"司马台"。此地最著名的建筑是以司马台命名的长城。司马台长城东起望京楼，西到将军楼，原称司马台暖泉口。它始建于明洪武初年，属明代九镇中蓟镇古北口路所辖。

司马台长城全长5.4公里，以关口为中心分为东西两部分。东段到望京楼，有敌楼16座，这段长城十分险峻，是最精华的地段。西段与河北省滦平县整修的金山岭长城相接，有敌楼18座，这段长城空心敌台很密集，相对关口以东的长城，地势要平缓很多。

司马台关现已被一座20世纪60年代修建的水库淹没，长城被水库分为东西两段，现在水库被称为鸳鸯湖。由于有地下温泉，鸳

鸳湖由温泉和冷泉汇集而成，湖水冷暖参半，每到严冬，湖内依然碧波荡漾，雾霭升腾，景色十分迷人。

司马台长城整段构思精巧、设计奇特、形态各异，它集万里长城众多特色于一地，形成一段"奇妙的长城"。因山势陡峭，地势险峻，工程浩大，而且至今保存完好，司马台长城被著名长城专家罗哲文评价为"中国长城之最"。统观司马台长城，可用险、密、全、巧、奇5字概括。

险

司马台长城沿刀削斧劈似的山脊修筑，蜿蜒曲折，惊险无比，尤其是天梯和天桥两段，更是险中有险。天梯是单面墙长城，坡陡墙窄，最窄处不足半米，呈直梯状沿山脊上升，两侧是百丈深渊，置身其上，俯首下望，令人目眩。百级云梯东面是天桥，长约百米，宽只有一砖，约40厘米，两侧是悬崖绝壁，令人不禁"两股战战"。游客把这里称作咫尺天涯。虽然名为天桥，但到这里的人们却都说："过桥难，难于上青天。"这里可以说是明长城中依山设险，险上加险的最险要地段之一，是古人"用险制塞"的生动体现。有的山脊外侧悬崖，本身就可以起到很好的防御作用，长城修到这些地方，即利用原来的悬崖峭壁稍加修整，或筑些简单的矮墙，敌人根本无法直接上来，这样的险塞是长城最能发挥作用的地方。

在山下仰望司马台长城，城墙背倚蓝天，横亘在东西两侧的山峰上。长城之上，浮云悠悠，奇峰突起，望去真是又高又险。

密

密是司马台长城的又一特点。从司马台到古北口，敌楼林立，约有100多座。两敌楼相距最近仅43.8米，最远600米，一般都在100—200米之间，而当时明代筑长城规定，每500米修一座敌楼。可见此段长城是一例外。

全

全是指敌楼和城墙的建筑形式奇特多样。从外观来看，敌楼有单眼楼、双眼楼、三眼楼、四眼楼和五眼楼，有单层楼，上下相通的双层楼和三层楼。它们均为空心敌台，大小不一、形态组合各异，是按驻军的官衔等级、驻防人数以及地势险要程度分别来建造的。

从内部结构来看，有砖结构、砖木结构、砖石结构；又有单室、双室、多室之分；房间布局有"田"字、"井"字；楼顶变化多端，有平顶、穹隆顶、八角藻井顶、覆斗顶；就连门窗也新颖别致，有边门、中间门，有砖券和石券，还有技艺精湛的雕花花岗岩石门。这是长城史上不可多得的珍贵文物。

司马台长城东段的仙女楼和望京楼就是两种具有代表性的敌

楼。望京楼是司马台长城的制高点，海拔986米，为空心三眼楼，两层砖石结构。这里视野开阔，隐约可见北京城轮廓，故称望京楼。望京楼头，东观"雾灵积雪""蟠龙卧虎"，北看"燕山叠翠"，南瞧"水库明珠"，壮丽关山，尽收眼底。仙女楼是敌楼中建造得最美的一座，掩映在老虎山腰的树丛中，下部条石合缝，上部磨砖达顶。内部用青砖砌成两道大拱，三条甬道，十个券门。顶部正中心砌成蜘蛛网状的八角藻井，四边砌四个砖柱，游人在里面轻轻放歌便能发出悦耳的回音。门券上还有并蒂莲花浮雕。整个敌楼处处给人以精巧、细腻、秀丽之感。仙女楼形体修长，长年在云中若隐若现。仿佛它不是人间战争的防御设施，而是一座仙境楼阁。关于仙女楼的得名还有一个美丽的传说：相传有一只漂亮的羚羊，因为仰慕羊倌的勤劳善良，变成一位仙女，来到此楼住下，与羊倌相恋相守，后人由此把这座楼叫仙女楼。

此外，城墙的构造更是匠心独运，富于变化。因地形和军事上的需要，城墙又分为单边墙、双边墙和障墙，有砖砌、石砌及砖石混合砌，城墙上的箭孔疏密也从几十个直到上百个。

巧

巧体现为进可攻，退可守，步步为营的障墙。而小天梯上的障墙，可谓登峰造极，在20多米的垂直落差内从最顶上的障墙箭孔，一直可以通过所有障墙的射孔，到达最下的射孔，精巧之至，令人赞叹。由此可以想象昔日戍边将士苦战御敌的战争场面。

奇

构筑在溶洞上的长城，洞与城的巧妙组合，在整个明长城中绝无仅有，令人称奇叫绝。

八达岭长城

八达岭是中国知名度最高的一段长城。甚至一提到长城,许多人只会想到八达岭。这不但源于对它的旅游开发较早、较成熟,也与它保存较为完好有很大关系。我们现在所能看到的长城大多都是明朝修建的,而其中八达岭长城堪称是最完美的。

八达岭长城位于北京西北部60公里的延庆军都山关沟古道北口,蜿蜒于崇山峻岭之间,依山而建,高低起伏,曲折绵延。自古被誉为"天下九塞"(指雁门关、居庸关、八达岭长城、紫荆关、楚长城、黄草梁、井陉关、句注塞、平靖关这九个古中原长城要塞)之一。

八达岭是居庸关的前哨。从八达岭俯视居庸关,居高临下,地势险要,所以古人有"自八达岭下视居庸关,如建瓴,如窥井"的说法。如果说居庸关是古代京城门户的话,那么八达岭就是门上那把牢固

的铁锁,古人有"居庸之险,不在关城,而在八达岭"的描述。可见,八达岭长城有极其重要的战略意义。

八达岭这一名称的由来主要有两种说法。一说是"把鞑岭",因为明朝时曾有很长一段时间防御鞑靼的进攻,这里是防守鞑靼的重要关隘,所以称为"把鞑岭"。另一说是由于这里南面通往南口、昌平、北京市区,北面通向延庆、永宁,西通沙城、宣化、张家口,道路四通八达,所以称之为"八达岭"。一般认为后者比较合理,明代《长安客话》也记载:"路从此分,四通八达,故名八达岭,是关山最高者。"

此处两山夹峙,在岭口中间有一关城,长城就从关城的南北两侧依山修筑。八达岭长城筑有东西两座城门,东为"居庸外镇"城门,西为"北门锁钥"城门。两门相距43.9米,瓮城面积达5000平方米。据记载,现存关城修筑于明代弘治十八年(公元1505年),但从事长城研究的学者通过考察认为,八达岭一带的长城工程浩大,不可能在短时间内完成,很可能是经过了将近100年的时间才陆续修完的。在八达岭火车站附近,有一座气势雄浑、建筑坚固的大城堡,这就是"北门锁钥"关城的前哨岔道城。据《居庸志略》载:"八达岭为居庸之禁扼,岔道又为八达岭之藩篱。"当时设有"把总"3名,驻兵800员,在八达岭长城中起着十分重要的军事防御作用。

八达岭长城是万里长城的精华,在明长城中,独具代表性。关于八达岭长城的建筑构造,我们在前面讲述长城墙体时已做了介绍。总体来说,八达岭长城从军事防御出发,各种建筑均极为讲究,固若铜墙铁壁,充分体现了我国古代劳动人民的伟大创造才能。

八达岭附近石材丰富,因此修筑长城时用的是就地开采的巨型花岗岩,这些石条都被仔细加工成方砖。考古专家在八达岭长城发现了两处具有考古价值的遗址:一处是当年修建长城的石料场,被劈开的巨岩清晰可见;另一处是当年烧砖的砖窑群。其修建手法与现代工艺相差无几，砖石之间采用石灰掺糯米汁做胶结材料，其质量甚至高于水泥。

由于八达岭地形险要、城墙坚固，并且守防谨严，所以古时战争直接强攻取胜的不多，多是绕道从南口前后夹击，夺取居庸关，攻破北京。明崇祯十七年（公元1644年）三月，李自成的农民起义军攻下宣城后，兵打居庸关，来到八达岭，强攻不下，于是分兵攻打柳沟，绕到居庸关南面，两面夹击居庸关而取胜。

在八达岭旁边现在还保存了原来关沟72景中的"望京石"和"天险留题"。

在八达岭关城东门外，"居庸外镇"关门前大道南侧，有一块天然花岗石，上刻"望京石"三字。"望京石"一名的由来，有几种说法：一说1900年八国联军入侵北京，慈禧太后以民妇打扮，乘上驴车，挟持光绪皇帝向西逃亡，路经八达岭时，曾站在这块石头之上遥望京城，想到自己如此狼狈，伤心地落下泪来。此后，人们就称之为"望京石"。另一种说法是秦始皇修筑万里长城时，可怜的民工们思乡心切，常常偷偷登上此石遥望关内的家乡。奇怪的是人们在这块石头上居然可以清清楚楚地看到自己远在千里以外的家乡与亲人，故而又有"望乡石"之称。

"天险留题"在居庸关外镇内侧，沿公路而下约1里的山崖上，用人工凿平的崖上刻着楷书"天险"二字。相传是明代所刻，具体年代还有待考证。

八达岭长城如一条不见首尾的巨龙在绵绵山岭上翻滚爬动，气势磅礴，雄伟壮观，令人叹止。这里的自然景观也很有特色，春夏秋冬四时都有佳境。春花铺锦，群芳射蕊；夏绿叠云，满山青翠；秋气澄清，红叶漫道，丹林尽染；冬来莽莽雪岭，玉龙腾云，一派北国风光。

八达岭长城已成为了中国长城的名片，吸引着广大中外游客，成为举世闻名的旅游胜地。据统计，有400多位国家元首、政府首脑曾登上八达岭长城，如尼赫鲁、尼克松、里根、布什、小布什、伊丽莎白二世、撒切尔夫人、叶利钦、普京等。八达岭长城，作为万里长城的精华，正以古老而年轻的雄姿，迎接慕名而至、纷至沓来的天下游人。

慕田峪长城

拱卫京都的慕田峪长城，位于距北京市区东北70多公里的怀柔北部军都山南麓。它西离旧水坑即北京结点不远，是重边长城的起点，而且也是蓟镇长城的最西点，是居庸关与古北口之间的一条纽带。这里是北京著名的景区之一，向游客开放的长城长度约为

3000米。

　　此地原名"摩天峪"，明代改为今名。风景秀丽的慕田峪，林木葱郁，水草丰茂，长城腾越其上，更显雄壮威武。远观慕田峪长城自正关台两侧而出，北面随山势陡然而起，迂回曲折，敌台密集。整段长城于危崖环绕的群山之中，昂首直上云霄，气势磅礴雄伟。慕田峪长城群山环抱，秋季红叶漫山，果实累累，在中外享有"万里长城慕田峪独秀"的美誉。

　　慕田峪长城是明初开国元勋徐达攻克京都后，在北齐长城的遗址上督建而成，是明代最先修建的长城之一。隆庆年间，谭纶、戚继光统辖蓟镇军务，负责山海关至居庸关一带的军事防务，又亲自监督整修了慕田峪长城，使敌楼、敌台增至25座。慕田峪长城的不拘一格更体现在它奇特的建筑风格中。

　　长城一般都修有敌楼，而慕田峪长城的敌楼更加密集且富有变化。例如，慕田峪长城敌楼内部空间多种多样，有"日"字形，"田"

字形，"品"字形，还有"回"字形，而且敌楼上的箭窗数量也各不相同，有的3个，有的4个，有的5个，最多的是火焰山的敌楼，每面均有9个箭窗，所以称之为"九眼楼"。敌楼券门上方都嵌有长方形石匾，上面镌刻着敌楼编号，这样既便于施工和验收，更便于调遣军队和指挥战斗。

慕田峪长城东侧修有正关台。正关台是慕田峪长城的精华所在，是整个慕田峪长城中最令人叹为观止的建筑。它由三座敌楼并立，中间的那座敌楼楼体较大，两侧的敌楼楼体较小。三座敌楼上都有瞭望亭。三座敌楼内部是相通的，有主有次。这种"三楼雄峙一关"的建筑结构，是其最大的特色，正关台也因此成为慕田峪长城景观中最负盛名之处。还有一点，就是它的关门不是设在城楼正中，而是设在东侧，并在陡峭的山坡上修建台阶作为进出通道。从远处看，正关台建在两峰之间的低凹处，有"一夫当关，万夫莫开"之势。慕田峪长城正关台这种独特的建筑设计在万里长城建筑群中是独一无二的。

慕田峪长城修有马道，并且修筑得极其漂亮，两侧都是用13层的花岗岩包砌，里面填上碎石和黄土，顶上再铺上石灰，而地面是用边长为1尺左右的青砖铺成，其坚固程度甚至超过了今天的混凝土。马道两边筑有女墙，高约1.85米，墙顶两边都修有矮墙垛口，垛口的下面留有箭孔，这样就可以两面拒敌，提高防御能力。

在慕田峪长城上还建有"支城"。"支城"就是在长城内外侧有高脊山梁的地方，再节外生枝地顺着山梁修一段长城。这样的长城被当地人形象地称为"刀把楼"。"支城"的长度从几米到几十米不等，同样筑有敌楼。修筑"支城"的好处在于可以控制制高点，减少对主城的威胁。

如果说慕田峪长城建筑最具有陡峭惊险特色，那么，最有说服力的便是"牛犄角边""箭扣""鹰飞倒仰"等建筑景观。

牛角边位于海拔1004米的山脊之上，是慕田峪长城的最高点。这一段长城蜿蜒曲折，气势磅礴，从山腰到山巅再到山腰，状似牛角，故称"牛犄角边"。

目前，向游人开放的大多数长城段，都经过了现代人的重新修整和加固，而箭扣长城是一段未经修复的野长城，有着一种特有的悲壮与苍凉。这里的每一块砖都是历史的见证。叫"箭扣"，是由于这段长城的山势酷似拉弓射箭之扣的形状。相传远古时代的神射手后羿曾在此练习射箭，所用的弓箭非常重。他去世后，再没有人拿得动它，于是这副弓箭就化作了"箭扣"状的山峰。

"鹰飞倒仰"位于西栅子村的旧水坑西南，依山势而建，沿笔直上升的陡峭山岭直立向上修筑成天梯般的城体。据说，雄鹰飞经此地都要倒仰飞行，故得名。

第九章 天下雄关

长城的通道险要处设有关城。长城全线约有几百座关城，它们往往建于山口地区，尤其是现存的明长城东段，群山叠嶂，关城座座。它们在战略地位和战争史上都有非常重要的作用。

雄关存旧迹，形胜壮山河，自古以来，长城名关迭出。它们傲然雄踞，扼守一方，历经了岁月沧桑，充满了凝重和神奇。

天下第一关

山海关，又称"榆关"，位于河北省秦皇岛市东北15公里，汇聚了中国古长城之精华。山海关是明长城的东北关隘之一，与万里之外的嘉峪关遥相呼应，闻名天下。

山海关是明长城蓟镇长城东端的起始点，地处辽西走廊上，是燕山与渤海之间的最狭窄处，只有10余公里，具有重要的军事价值。故而明初洪武十四年（公元1381年），徐达在此建关，因依山濒海，故称作山海关。

山海关城，周长约4公里，与长城相连，以

城为关，城高 14 米，厚 7 米，有东、西、南、北 4 个关门：东门叫镇东（"天下第一关"门），西门叫迎恩，南门叫望洋，北门叫威远。在关城的东西两头又筑有东罗、西罗城，作为前卫。

　　山海关关城不是一个孤立的建筑，而是与关内外的长城、墩堡、关隘等建筑共同构成了一个完整的防御工程体系。长城自关城的东门"天下第一关"城楼向两侧伸展，南面伸入大海之中，北侧直上燕山。在南北两侧长城内侧，距关城不远又有南翼城、北翼城各 1 座，为屯兵之处，南北拱卫。在山海关关城的东门外，又有许多城堡、墩台作为前哨。现在东门外的卫城"威远城"的遗址和八里堡墩台（烽火台）的遗迹依然存在。

城楼之上所悬挂的"天下第一关"匾额，笔力雄浑，而它到底出自谁的手笔，一直存有争议。一些人认为是严嵩所书，而更多学者认为这是讹传，应是明朝成化八年进士、本地人萧显所写。现在楼下所藏是原匾，楼上所藏是光绪八年摹刻，楼外所悬挂的则是1929年摹刻的。据传，抗日战争时，日本侵略军曾企图将原匾盗走，因群众设法将匾藏于西大街文庙大成殿内，才得以保存下来。

历代关于山海关的诗作数不胜数，康熙皇帝玄烨，著名词人纳兰性德等人都写过吟咏感怀之作。清代诗人吞珠曾写下《山海关》，我们可从中领略雄关的风景：

万堞苍茫横渤海，群峰环抱拱神州。
松涛乍撼金城动，蜃气遥连紫塞浮。
险辟雄关增壮势，寒侵细草入边愁。
当年百战分争地，何幸升平翠辇游。

山海关北枕叠嶂，南襟大海，位于从东北进入华北的陆路咽喉之地。即使在军事技术不发达的古代，山海关之险也可谓"一夫当关，万夫莫开"，历来为兵家战略要地。曾有人用"两京锁钥无双地，万里长城第一关"的诗句来描写关城的险要。历史上在这里发生的山海关之战更突显了它的战略地位。

明崇祯十七年四月二十二日，即公元1644年5月27日，明将吴三桂联合关外清兵与李自成率领的农民起义军在山海关展开了一场决定各自历史命运的大战，奠定了清朝260余年的江山。

公元1583年，努尔哈赤统一女真各部，创立八旗制度，建立后金政权，随着羽翼日益丰满，逐渐成为大明朝的重要威胁。公元1618年，明抚顺守将李永芳不战而降。第二年，朝廷集全国47万大军，兵分四路，企图一举消灭后金，结果遭受重创，导致沈阳、辽阳先后失陷。

皇太极继位建立清朝后，清军攻陷大凌河，招服明朝的盟友朝鲜与察哈尔蒙古，之后围攻锦州，打败前来解围的13万明军，使朝廷苦心经营十多年的锦（州）宁（远）防线全部崩溃。至此，在清军南下亡明的道路上，只剩下山海关及其前哨孤城宁远了。

然而，山海关之险令清军无法逞其入关之志，只得绕道蒙古，越过长城，采取不断蚕食的策略。公元1643年，皇太极死于沈阳，年仅6岁的幼子福临（顺治帝）即位。

在此危难时刻，关外清军的动向并没有令明廷特别关注。明政府正大举进兵围剿李自成的农民起义军。

爆发于公元1627年的陕北农民起义，经十几年的起伏转战，终于在公元1644年从居庸关向中原一拥而入，迅速攻入北京。崇祯皇帝见大势已去，泣退群臣，命周皇后自缢，砍死砍伤公主、嫔妃数人，然后自己吊死在煤山（今景山），明王朝就此灭亡。

李自成进入北京后，意识到驻兵山海关的吴三桂是个重要的棋子，他的向背对局势的发展至关重要。李自成便派人劝降吴三桂，携犒银四万两、黄金千两，另有敕书一通，封吴三桂为侯。此时，总管京师兵马的吴三桂的父亲吴襄已在北京被捕，李自成令他给儿子写信劝降。吴三桂无奈，决定正式接待来使，投降农民军。吴三桂准备率部进京谒见李自成，但行至永平府（府治今河北省卢龙县）西沙河驿时，却突然调转马头，打着为崇祯帝复仇的旗号，拒降李自成，还师山海关，袭击农民军部队。

对于吴三桂为什么中途反悔，一直有两种说法：一种认为，大顺农民军入京后，实行追赃助饷的政策，拷掠了吴三桂的父亲吴襄，导致吴三桂反悔；另一种说法认为，吴三桂因为其爱妾陈圆圆被大顺军将领刘宗敏掠去而愤怒地改变初衷，即人们通常所说的"冲冠一怒为红颜"。

吴三桂重占山海关后，心中明白凭自己的军事实力根本不足以同农民军抗衡。为逃避降清负君之罪，并借他人之力达到复仇目的，吴三桂修书予多尔衮，意向清军"借兵"。多尔衮得书后虽惊喜交集，却不露声色，许诺援兵，同时提出条件：吴三桂率兵投降清朝。

李自成得知吴三桂重返山海关后，亲率20万大军东来。当农民军迫近山海关时，吴三桂再次催促清军火速来援。多尔衮接信后，知道形势紧迫，为了防止农民军占领山海关，下令清军日夜兼程前进。当清军到达距关城10里的地方时，吴三桂与农民军正在激战中。至5月初，据守山海关北翼的吴军向农民军投降，吴三桂的军队已呈崩溃之势，而此时清军却一直止步不前。吴三桂多次派人前去敦请进兵，但多尔衮就是按兵不动，他要迫使吴三桂亲自出马，将"借兵助剿"改为"投降清朝"。吴三桂只有点齐将官精骑，出关突围，一口气驰至欢喜岭。公元1644年5月27日，双方达成协议，吴三桂率将返回山海关，按约定率5万余人出战，同时下令开城迎兵。山海关的东大门洞开，清军汹涌而入，而李自成对这一

切都浑然不知。

时至中午，山海关战场在大风中飞沙走石，当吴军与农民军酣战之时，进入关城的多尔衮下令突击，清军如弦上之箭锐不可当。李自成立马于高岗之上，见一白旗军冲破农民军阵势，正惊讶之际，有人来报："举白旗的骑兵不是关宁兵（指吴三桂的部队），必是满洲兵，大王赶快回避！"李自成听完一言不发，策马下岗西走。主帅撤退，将数万大军扔下不管，这无疑在慌乱中犯下了严重的指挥错误。农民军在一片"满兵来矣"的惊呼声中被冲过来的清军压向海边，以致全线溃败，"死尸相枕"。

山海关之战改变了清朝、农民军、吴三桂的各自命运。清军结束了农民军短暂的胜利，开辟了清朝的历史新纪元。

蓟北雁门

黄崖关，是明蓟镇长城的重要关隘，在蓟县城北25公里处。黄崖关向北是河北兴隆县，发源于兴隆县茅山峪的沟河，横切燕山南流，河谷为峰峦林立的燕山山脉间的一条重要通道。黄崖关便横卧在这条谷地上，扼控这条沟通燕山南北的孔道。关城正扼守着两山夹峙、一水中流的狭处，形势极为险要。

黄崖关是蓟县境内唯一的一座关城，有"小雁门关"之称，据说是李自成所起。李自成为抵抗清兵来到这里，见崇山峻岭，林茂谷奇，颇似山西雁门关，决定以此为御敌屏障，遂命名为"京东雁门关"。黄崖关始建于明永乐年间，当时建了正关、水关和由关城向两侧延伸的城墙，关城东侧山崖峭壁陡立，岩石多黄褐色。在夕阳照射下，层层叠叠的山体泛着金光，景致十分壮观，故有晚照黄崖之称，关因此而得名。

黄崖关建在峰奇林密的王帽山上。在王帽顶山的后坡，有一条

狭长的深谷叫"小青蛇沟"。说来也怪，这里哪怕是晴空万里，只要天气有变化，首先从这条沟底升起一缕青烟，先是沿山坡爬行，逐渐扩大，一片、两片……越来越大，遮住了山腰、山顶，连城墙也看不到了，接着，必然骤雨飘忽。当地人常开玩笑说：这种天气预报比气象台还准。

至于"小青蛇沟"和"王帽顶"的来历还有个奇妙的传说。似是广泛流传的《白蛇传》故事的补遗：小青蛇为救白娘子，进燕山修炼，500年后救出白蛇，同回燕山古洞。玉皇大帝闻讯后，遣天兵天将追捕，但终不能胜。最后，还是托塔天王李靖，摘下自己的王冠，变成一座大山，从空而落，一下子把青蛇压在下面。从此，青蛇住的那条沟就叫"小青蛇沟"，沟上那座险峻的山峰就叫"王帽顶"山了。

黄崖关作为京东险要之地和京师东面的门户，在京师防御体系中占有极为重要的地位。

蓟县是个重镇，历代统治者都较为重视此地。秦朝在此设立无终县，隋代改名为渔阳，唐代始有蓟州之名，直到1913年才改为蓟县。蓟县修长城的历史，可上溯到北齐时代。

考古调查发现，今黄崖关长城太平寨段，从水洞处城墙突然下伏，继而又随山势猛插云霄，山巅之上，筑一圆形黑色的石筑烽火台，这是北齐天保年间（公元550—558年）所建，距今已有1400余年了。接着是100多米陡降的石墙，这也是北齐时代建筑的。狭窄的长城骑在山峰上，悬崖峭壁，百丈深渊，令人胆寒。

黄崖关城随地势修建，关城为不规则长方形，城南墙的西半部向南凸出，实测城周890米，南北最长处不足270米，东西最宽处则为200余米。为了加强城关的防御能力，关城中间还砌有一道南北向的隔墙，将城分为东西两部分。东城门外还筑有瓮城1座。

在蓟县文物保管所内，存有一张1964年拍摄的照片，当时的关城南门砖券拱洞尚存，门额嵌有一块长1.85米的汉白玉石匾，阴刻楷书"黄崖口关"4个笔力雄浑的大字。关城北墙无门，然有一座石券拱门洞，可登上城顶。这座门洞上也嵌有同南门一样大小的汉白玉石匾，上书"黄崖正关"4字。

太平安寨是黄崖关长城上的一个重要通口，自黄崖正关向东越沟河处，这里有一水关，水关之上是绝壁高崖，以山险为墙。在崖顶，长城开始向东伸展，直抵黄崖之麓，山间有一通口，即太平安寨。

黄崖关长城上有敌台52座，烽火台14座，数目虽不算多，但形式多样，有大有小，有方有圆，有砖有石，有空心的，有实心的，有骑墙的，有靠墙的，有离墙较远的，等等。东山高处的长城上有一座用毛石砌筑的圆形敌台，此种形制极为少见。此台为骑墙敌台，但为实心，内外均无梯级可登，当年可能用软梯或活动梯子上下。在台顶上还留有守城士卒留下的片石炕和炉灶的遗迹。

还有一个特大的圆形高大墩台叫凤凰台。它属于战台类型，不仅形体高大而且下部无门，自中部上升，中间是空的。顶层设有铺房、垛口，台内可住不少士卒和储存较多的武器粮草，既是备战库，又是作战台。

黄崖关关城的城垣和城楼因年代久远已损坏。1987年时，搬迁了村中的住户，又按历史原貌修复起一座关城。黄崖关关城的布局十分奇特，城里街道并不作棋盘式布局，而由数十条死巷、活巷、丁字巷互相交错构成，人们传称其为"八卦街"。其主体建筑有瓮城，东、西、南、北四座城门楼、角楼、门洞、水门、水关、牌坊、八卦街、提调公署以及城外的凤凰楼等。正关上建面阔3间，单檐的关楼1座，粗大的木柱，五脊四坡大顶，雕梁画栋，着明式大花旋式彩绘，绚丽夺目，雄伟壮观。修复后的古长城，突兀参差，巍峨壮观，以雄、险、奇、秀著称。因此有诗赞道：

自古而今黄崖关，万里长城望无边。
两山对峙水自流，松柏丛盛鸟啼喧。

黄崖关长城以关城为中心，向沟河两岸延伸，东向至半拉缸山，有悬崖为屏障；西向至王帽顶山，有峭壁为倚靠。全段长城建筑在海拔736米的山脊之上。这一段长城的建筑特点是台墙有砖有石，敌楼有方有圆，砌垒有空心有实心。关城塞堡、敌台水关，应有尽有，又接山跨河，设计布局十分巧妙，集雄峻宏伟和壮丽奇秀于一身。

门掩山河居庸关

居庸关，是京北长城沿线上的著名古关城，位于北京市昌平区境内。关城所在的峡谷,属太行余脉军都山地。

"居庸"得名始自秦代,相传秦始皇修筑长城时,将囚犯、士卒和强征来的民夫徙居于此,取"徙居庸徒"之意。汉代沿称居庸关,三国时改名西关,北齐时改纳款关,唐代有居庸关、蓟门关、军都关等名称。

早在春秋战国时代,燕国就扼守此口。汉朝时,居庸关城已颇具规模。南北朝时,关城建筑又与长城连在一起。此后历唐、辽、金、元数朝,居庸峡谷都是一处重要的关隘。成吉思汗灭金时即入此关。

居庸关与紫荆关、倒马关、固关并称明朝京西四大名关,不仅军事战略地位十分重要,人文气息和自然景色也堪称一绝。悠久的历史赋予它极具魅力的人文气息,与自然美景形成了著名的"居庸八景"。

玉关天堑

即居庸关关城，现存关城，始建于明洪武年间，系大将军徐达、副将军常遇春规划创建，明景泰初年（公元1450—1454年）及其后又屡经缮治。居庸关有南北两个关口，南名"南口"，北称"居庸关"。这里形势险要，为北京西北的门户。明代梵琦在诗作《居庸关》中赞叹道：

天畔浮云云表峰，北游奇险见居庸。
力排剑戟三千士，门掩山河百二重。
渠答自今收战马，兜铃无复置边烽。
上都避暑频来往，飞鸟犹能识衮龙。

石阁云台

位于居庸关南券门北侧，是一座藏传佛教建筑，建于元代至正二年（1342年）。石阁云台取其"远望如在云端"之意，为布施佛教影响，颂扬皇室的建塔功德。石阁云台上有喇嘛塔3座，称"过街塔"。据佛经上说，过往行人从塔下经过，都能"皈依佛乘，普受法施"。过街塔约在元、明交替之际被全部毁坏。后又建一座寺庙，但毁于大火，故仅留下这座石阁云台。

石阁云台用白色大理石砌成，高9.5米，横宽26.84米，洞长17.57米。券门为半个八角形，是我国古代砖石拱中特殊的一种建筑方法。除建筑结构特殊外，最珍贵的是券洞内墙上刻有精美的浮雕和用6种文字镌刻的经文。把梵文、藏文、八思巴蒙文、维吾尔文、汉文、西夏文6种文字镌刻在一起，在我国古代石刻中还属首次，具有很高的艺术价值和科学研究价值。

石阁云台的雕刻，主要集中在券门和券洞内。券门上两边对称地刻着各种图案，如象、怪狮、卷叶花和大龙神，正中是金翅鸟王，券洞内两壁的四端刻着四大天王（东方持国天王、南方增长天王、西方广目天王和北方多闻天王），尤为珍贵的是洞内两面石壁中央镌刻的6种文字的经文，在我国古代石刻中还是首例。6种文字的排列是：上面自左向右横写，共分三层。上层为梵文（古印度文），中下层为藏文，藏文又分两体（加嘎尔文、吐波文）；下面为直行竖写，自两端向当中排，自左向右排的是八思巴蒙文（元朝官方使用的蒙文，元亡后即废弃）、维吾尔文；自右向左排的是汉文、西夏文（古代西夏王国党项族使用的一种笔画烦冗的仿汉字）。券洞两侧的排列方法和文字内容均一样，刻的是如来心经陀罗尼和佛顶尊胜陀罗尼经文和咒语，并有造塔功德记和元代的年号。这些文字是研究元代佛教、古代文字和各民族间文化交流史的重要参考资料。

除了券洞两壁，顶部和两斜顶还刻着许多小佛像。券顶正中刻着5个"曼荼罗"图案，两斜顶刻着十佛，在大佛像之间遍刻小佛像，布满了整个券顶。券洞上边装饰着各种花草图案。这些图案雕刻细腻，流畅雄劲，精美绝伦，是元代雕刻艺术品中的优秀作品。

叠翠联峰

叠翠联峰即著名的"居庸叠翠"。居庸关关城建筑在一条长达18公里的溪谷中间。两旁群峰起伏，重峦耸叠，山花野草，葱茏郁茂，好似碧波翠浪，形成一幅天然美景。历代文人墨客留下了许多赞咏的诗篇。元代陈孚有《居庸叠翠》诗喻之："断崖万仞如削铁，鸟飞不度苔石裂。"乾隆皇帝在此御笔亲提"居庸叠翠"四字，立碑于居庸关东南的大道旁。"居庸叠翠"又是著名的"燕山八景"之一。

明朝著名画家王绂著有《北京八景图》，其中就有"居庸叠翠"。画家用细腻的笔触将山间美景一一勾勒，真实地还原了居庸关的本色。画家还在《北京八景图》上题称："两山峡峙，一傍流水，骑通连驷,车行兼辆,先入南口,过关入北口,关中有峡曰弹琴,旁道有石曰仙枕,两崖峻绝,层峦叠翠。"

据考证,观赏"居庸叠翠"的最佳景点,在居庸关城南5里,东园村附近。居庸关两旁,山势雄奇,中间有长达18公里的溪谷,俗称"关沟"。背靠虎峪的群山,山势矗立。古时候沿关沟生长着数十万棵黄松。可惜在明朝中叶,被一场大火烧毁。尽管后来的清朝的乾隆皇帝曾在此附近刻石立碑,但古人所见景色现今很难看到了。

双泉合璧

雄伟险峻的军都山高高耸立在京城外,两条清澈的溪水蜿蜒环绕着白鹭洲。溪水欢快地流淌,一条从东往西,一条从南往北,冲击着溪底的鹅卵石,发出清脆的声音。相携登楼观景,可远远地看到水流冲击溅起阵阵烟雾,萦绕在如白璧一般的水面上,让人不得不惊叹这一奇景。

汤泉瑞霭

汤泉瑞霭是一处温泉景观,明朝诗人雷宗赞美说:"一亩方塘藏宿火,一壶元养先天。丹炉日暖流琼液,瑶圃春融散紫烟。"而明代李宗枢在诗中则形容说:"灵岫盘幽涧,仙源衍巨泓。气蒸银汉碧,光射玉峰清。"

琴峡清音

弹琴峡为一条花岗岩峡谷,溪水在谷底乱石中流淌,发出有节奏的响声,加上山谷的回音,犹如弹琴声。元人耶律抑溪有"风清时听琴三弄,人世知音问有无"的诗句。另一位元代诗人陈孚在一首七绝中曾写道:"月作琴微风作弦,肖声岂待指中传。伯牙别有高山调,写在疏松乱石边。"形象、生动地描绘出那如琴声一样悦耳的淙淙水声。可惜随着上游水土被破坏,弹琴峡渐渐被泥沙淹没。加上后来的施工建设,弹琴峡已基本被破坏殆尽。人们再也听不到悦耳的溪水声了,只能根据前人留下的诗词来想象"琴峡清音"的美妙。

虎峪晴岚

虎峪位于关沟南端东侧,是一条山高林密的山谷,泉水潺潺。谷口便是史书上记载的元代皇帝的行宫所在地枣龙虎台。

明朝人雷宗对其称赞说:"山回青霄以虎名,深红浅绿自分明。四围远近云何翳,一望高低日正晴。爽气不教行处人,清风偏向晚来生。几回欲借王维笔,写出无边胜概情。"可见景色自然优美。

驼山香雾

这里层层山峦气势崔嵬,奇峰突兀,12座驼峰依次排开。朦胧的雾霭环抱着群山,山间的薄烟被太阳反射出五彩的光芒,白雾缠绕着山中的青草,绿苔上凝结着晶莹的露珠,这一切仿佛仙境中的景色，让无数人着迷。

除了上文所说的"居庸八景"，居庸关还拥有众多的亭台楼阁、书院寺庙，其建筑规模之大，涉及范围之广，文化底蕴之深，令其他关隘望尘莫及。

居庸关的寺庙涉及三大派别：佛教、道教和儒教。石阁云台就是佛教建筑的典型。另外，比较有名的道教建筑有城隍庙、吕祖庙、真武庙、关帝庙、马神庙及表忠祠。

泮宫在居庸关南券城南侧公路西，是明代"隆庆卫儒学"的石头牌坊，"泮宫"二字刻于中央。泮宫原本在山东曲阜，是建在半月形水池旁边的一座学宫，相传孔子曾在里面讲学，后来将学校也称为泮宫。现在所看到的泮宫为嘉靖年间建成，有文庙正殿物件，两配殿各5间，还有各式书斋、教师学生宿舍等。居庸关儒学建筑从泮宫一直建到西山脚下。

除了以上这些规模较大的建筑群，还有建于明代的迎恩坊、国计坊，雕花精美，色彩艳丽；有旌善亭、静对亭、憩便亭、长短亭、凉亭、半山亭，造型优美，绿瓦黄边，并绘有各式彩画，生动活泼；有居庸关古诗碑林，面积达58平方米，石碑用汉白玉制作，刻有唐朝到清代描写居庸关的诗52首，是居庸关文化精华所在。

还有一个地方也值得一提，那就是詹天佑纪念馆和墓园。詹天佑纪念馆和墓园在居庸关北门外青龙桥火车站附近。詹天佑是我国第一代杰出的铁路工程师，主持修建京张和粤汉等铁路。他亲自设计修建的京张铁路，是第一条用中国自己的钱、自己的工程师建造的铁路。他成功地开凿了八达岭隧洞，发明了人字形道岔，为当时深受外国欺侮的中国人大长了志气。1919年，59岁的詹天佑逝世。为了纪念这位杰出的爱国工程师，当年在青龙桥车站铸立了他的铜像，并立碑。铜像为熟铜浇铸，系高2米多的全身立像。碑为当时任大总统的徐世昌所立。墓室正面镌刻着"詹天佑先生之墓"7个漆金大字。

兵家必争紫荆关

紫荆关在河北省易县西北 45 公里处,距北京约 170 公里,其所在的山名叫紫荆山。该地崖壁陡峭,属太行山第七陉,古时就在此建关,曾称子庄关、五阮关、金陂关。金、元时因山上多紫荆树,每到紫荆花开季节,满山飘逸芳香,于是改名紫荆山。

明洪武初年即对此关进行了改建和扩建,整个明代修筑未断,足见此关战略地位的重要。明代紫荆关城结构复杂,城分东西两部,东城设衙署,西城屯马兵。北门濒拒马河,石券门向东开,门匾两重,上题"河山带砺",下题"紫荆关";南门西开,门匾题"紫塞金城",原南门外有瓮城,瓮城南门俗称南天门,门匾题"畿南第一雄关"。紫荆关共有城门 9 座,水门 4 座。长城自关城两翼向东西伸展,盘旋于悬崖绝壁之上,敌楼雄峙。

此地由于地势险要,为兵家必争之地。据记载,历史上紫荆关

发生过大小战争达 140 多次。古有汉与乌桓之战、宋辽之战、蒙金之战等。抗日战争时期，1939 年 11 月 7 日，著名的"黄土岭战役"在紫荆关附近的黄土岭展开，杨成武将军率部一举消灭日军 900 余人，"名将之花"阿部规秀也被击毙。

自古以来关于紫荆关的诗文甚多，清人黄可润在《秋日度紫荆关》诗中描述了此关的形势和景致：

雄城西接太行山，宣太咽喉在此间。
昙寺云烘盘谷道，荆花色紫满秋关。
河横拒马成天堑，孔溅飞狐表地阃。
一带戍垣危绝处，频闻野鸟语闲闲。

平阳公主——娘子关

娘子关为中国万里长城著名关隘，位于太行山脉西侧河北省井陉县西口，山西省平定县东北的绵山山麓。

娘子关为战国时期中山国所建长城的关口之一，唐朝设立承天军戍守处，唐大历年间（公元 767—779 年）修建"承天军城"。宋代建"承天寨"，到明代时为"承天镇"，由于明朝时期边患频仍，嘉靖二十一年（公元 1542 年）重修城堡，专设守备把守，现存为明代时的原貌。清代增建"固关营"，分设把总驻守。娘子关因为处于万里长城内边的"内三关长城"南端，有"万里长城第九关"之称。

娘子关的得名源于历史上一位杰出的女性——唐高祖李渊的第三个女儿平阳公主。

隋朝末年，中国陷入了大分裂的状态。这次分裂的时间很短，隋文帝的外甥李渊只用了 7 年就击败群雄，统一了天下。李渊能够建立唐朝，固然与他的个人才能分不开，但更不容忽视的，是他有一群杰出的儿女。这群儿女中功绩最大的就是太子李建成、次子李世民和三女儿平阳公主。平阳公主是李渊与嫡妻窦氏（窦皇后）的爱女，唐初武将柴绍的妻子。她的名字和出生日期在记录其事迹的《旧唐书》和《新唐书》中都没有记载，但她却是一个著名的巾帼英雄，才识、胆略丝毫不逊色于她的兄弟们。

隋末天下大乱，民不聊生，隋大业十三年（公元617年）五月，李渊决定起兵反隋。而当时李渊的势力并不壮大，他的地盘在遥远的山西边境，远离都城长安和东都洛阳，手下兵力也不足，不过万人左右，而且天天要面对突厥的进攻。最令人担忧的是，他的家小全都在长安，身边只有次子李世民。李渊领兵离开自己的防地时，对外宣称是为了到江都去接应被困在那里的隋炀帝，可是他的行军方向却直指长安。这种"明修栈道，暗度陈仓"的行动当然瞒不过

长安的隋朝官员。长安方面立即下令拘捕李渊的家人，逮捕名单中就包括李渊的三女儿和她的丈夫柴绍。

眼见形势危急，平阳公主和丈夫决定分头行动，柴绍直奔太原，而平阳公主则很快动身回到鄠县（今陕西户县）的李氏庄园。她女扮男装，自称李公子，将当地的产业变卖，赈济灾民，迅速招收了一支几百人的队伍。很快，李渊起兵的消息就传来了。平阳公主决心要为父亲招募更多的军力。

这支由女将做主帅的义军，军纪非常严明，平阳公主令出必行，整支军队都对她肃然起敬。在那乱兵纷起的年月里，这支军队得到了广泛的拥护。因为军队的统帅平阳公主被人称为"李三娘子"，因此这支精锐部队就被称为"娘子军"（而并不是说兵士为女性）。娘子军威名远扬，很多人都千里投奔而来。不久，这支部队就超过了7万人。平阳公主在军事上的直觉、见地以及统率才干堪称天才，隋将屈突通就曾经在她手下连吃几场大败仗。

公元617年9月，李渊主力渡过黄河，进入关中，而他的三女儿已经为他在关中打下了一大片地盘。李渊派柴绍带了几百骑兵去迎接平阳公主。平阳公主挑选了一万多精兵与李世民会师于渭河北岸，共同攻打长安。柴绍属于李世民的部下，与平阳公主平级，夫妻二人各领一支军队，各自有各自的幕府（指挥部）。11月，夫妻二人兵发一处，一举攻克长安。在关中平定之后，李渊将自己这位才略出众的爱女封为"平阳公主"。

攻克长安之后，李渊大致控制了半个关中，但他的四周仍然布满了敌人。平阳公主带领娘子军为大唐的江山立下了一次次功勋。

奠定李唐天下的一仗是灭王世充，这一役唐军把前来援救王世充的窦建德一起消灭了。窦建德覆灭后，余部推刘黑闼为首领，于武德四年（公元621年）七月在漳南（今河北故城）起兵反唐。他们北联突厥，不到半年尽复窦建德旧地。

平阳公主这时的主要任务是防守李家的大本营山西，她驻守的地方是出入山西的咽喉——娘子关。隋开皇时曾在此设置苇泽县，所以此关曾叫苇泽关，因平阳公主率数万"娘子军"驻守于此，因此后世将其更名为娘子关。直到今天，这里还保留着许多与平阳公主有关的历史遗迹和动人传说，最著名的一个当属"米汤退敌兵"的故事。

据说平阳公主率领娘子军驻扎娘子关之后，凭借天险，修筑工事，严密布防，不给敌人可乘之机。一次，刘黑闼部大举进攻。平阳公主眼见敌人来势凶猛，一面向太原告急，一面指挥娘子军与居民严防死守。由于关内军队兵力不足，娘子关的情况十分危险。面对数倍于己的军队，而援兵又不知何时能到，平阳公主心急如焚，在城楼上焦急地踱着步子想着主意。忽然，她无意中看见远处田野上丰收在望的谷子，顿时急中生智，计上心来。她下令城内军民立即收割、架锅、用新米熬制米汤。米汤熬好后，平阳公主又令部众乘夜色从关上全部倒入关前沟壑中。次日，娘子关前沟壑中米汤横溢，敌人哨兵发现后，误以为是马尿，怀疑唐军暗藏着无数兵马，急忙报告主帅。主帅出帐观望，只见城楼上旌旗招展，军民喊声震天，战鼓擂动，便错误地判断援兵已到。由于害怕中埋伏，敌人最终不战而退。等得知此乃平阳公主的疑兵之计时，太原的大队人马已经开到，他们只能恨得咬牙切齿了。

平阳公主的勇敢和机智为她赢得了后人的尊敬和推崇。明代大诗人王世贞曾伫立娘子关头，挥笔成诗：

夫人城北走降氏，娘子关前高义旗。
今日关头成独笑，可无巾帼赠男儿。

多年来，关于平阳公主的诗文长久地为人传诵着，关于她的传说长久地为人讲述着，娘子关也成为人们吊古的胜地。

如今的娘子关古城堡依山傍水，居高临下，建有关门两座。东门为一般砖券城门，额题"直隶娘子关"，上有平台城保，似为检阅兵士和瞭望敌情之用。南门危楼高耸，气宇轩昂，坚厚固实，青石筑砌。城门上"宿将楼"巍然屹立，相传为平阳公主聚将御敌之所。门洞上额书"京畿藩屏"四字，展示了娘子关的重要性。关城东南侧长城依绵山蜿蜒，巍峨挺拔。城西有桃河水环绕，终年不息。险山、河谷、长城为晋冀间筑起一道天然屏障。另有承天寨、老君洞、妒女门、烽火台、点将台、洗脸盆、避暑楼等十多处景点，传说为当年平阳公主驻防时所建。

半卷红旗——雁门关

雁门关又名西陉关，位于山西省忻州市代县县城以北约20公里处的雁门山中，是长城上的重要关隘，与宁武关、偏关合称为"外三关"。雁门关是保存最完整的一座关城。这一带山多赭石，在阳光的照射下更显出关塞的壮丽。"紫塞雁门"是著名的代州八景之一。

雁门关的名字源于《山海经》："雁门，飞雁出于其门。"为什么飞雁要从关门飞过呢？原来雁门山崇山峻岭，群峰海拔都在1500米以上，周围山峦环抱，只有雁峰两旁有两道比较低矮的山峪，雁群只能从此处飞过，于是这条恒山西端的余脉则被叫作雁门山，建在山上的关隘故而得名"雁门关"。

人们常说"天下九塞，雁门为首"，可见其险。雁门关由关城、瓮城、围城三部分组成。关城城墙高10米，周长约1000米，墙体以石座为底，内填夯土，外包砖身，墙垣上筑有垛口。雄关依山傍险，高踞勾注山巅，为山西南北交通要冲。山脊长城，其势蜿蜒，东走平型关、紫荆关、倒马关，直抵幽燕，连接瀚海；西去轩岗口、宁

武关、偏关，至黄河边。关之东、西二门，皆以巨砖叠砌，过雁穿云，气宇轩昂。

唐代诗人李贺曾写下著名的《雁门太守行》：

黑云压城城欲摧，甲光向日金鳞开。
角声满天秋色里，塞上胭脂凝夜紫。
半卷红旗临易水，霜重鼓寒声不起。
报君黄金台上意，提携玉龙为君死。

写出了雄关的豪迈气势。金代元好问在《雁门关外》称赞雁门关：

四海于今正一家，生民何处不桑麻？
重关独居千寻岭，深夏犹飞六出花。
云暗白杨连马邑，天围青冢渺龙沙。

凭高吊古情无尽，空对西风数去鸦。

雁门关的重要性在于它是古时塞外北方民族入侵中原的渠道，所以是边防戍守的要地，是历史上著名的古战场。从早期的匈奴、鲜卑、突厥，到后来的契丹、女真和蒙古等北方游牧民族都先后与中原在此发生过战争。到了清代，雁门关早已从边疆变为腹地，它的重要功能已成为连接贸易往来，在关内外民族的交流融合之中起的作用更加显著。在雁门关瓮城出关的地方，立着一块石碑，据说是立于乾隆年间。来往雁门关的商队与日俱增，为了抢路，屡起事端，所以官府专门定下规矩，出关靠右，入关靠左。正所谓"大路朝天，各走一边"，被许多人戏称为"最早的交通规则"。

这里曾发生过许多著名的历史故事：战国名将李牧在此守护边关；秦朝大将蒙恬修长城以驱匈奴；西汉名将卫青和霍去病驰骋沙场，令匈奴闻风丧胆；美丽的昭君弹起幽怨的琵琶曲从这里远嫁塞外……此外，我们熟悉的"杨家将"的故事也有许多与这座古老的关塞有关。

北宋时期，北方辽国逐渐强大，这里成了两方反复拉锯的战场。经考证，杨令公战斗的主要区域在今山西雁门关和大同一带。他的事迹在当时便广为传颂，后经戏曲、小说的渲染，逐渐形成了"杨家将"的故事。

杨业又名杨继业（约公元932—986年），山西太原人，原为北汉军官，骁勇善战，屡建奇功。北宋灭北汉后，杨业随其主刘继元降宋。宋太宗早就听说杨业武艺高强，对他十分器重。

那时，辽军不断袭击宋朝边境。宋太宗十分担心，就派杨业为代州刺史，扼守雁门关。

公元980年，辽朝派了10万大军攻打雁门关。那时候，杨业手下只有几千人马，兵力相差很大。杨业是个有经验的老将，知道靠硬拼是不行的，于是就把大部分人马留在代州，自己带领几百名骑兵，悄悄地从小路绕到雁门关北面，直指敌人后方。

辽兵向南进军，一路上没遇到抵抗，正在得意。忽然，后面响起一片喊杀声，只见烟尘滚滚，一支骑兵从背后杀来，像猛虎冲进羊群一样，乱砍猛杀。辽兵毫无防备，又弄不清后面来了多少人马，个个心惊胆战，阵容大乱，纷纷向北逃窜。杨业带兵追赶上去，杀伤大批辽兵，还杀死了一名辽朝贵族，活捉了一员辽将。

雁门关大捷以后，杨业威名远扬。辽兵一看到"杨"字旗号，就吓得不敢交锋。人们给杨业起了个外号，叫作"杨无敌"。

杨业立下大功，也引起一些边防将领的妒忌。有人给宋太宗上奏章，进了很多谗言。宋太宗正要依靠杨业，自然不会理睬那些诬告，便把那些奏章封好了，派人送给杨业。杨业见宋太宗这样信任自己，自然十分感动。

136 万里长城的故事

过了几年，辽景宗耶律贤死去，即位的辽圣宗耶律隆绪才12岁，由他的母亲萧太后执政。有个边将向宋太宗上奏章，认为辽朝政局变动，正好趁这个机会收复燕云十六州失地。宋太宗接受了这个意见。公元986年，宋太宗派出曹彬、田重进、潘美（文学作品中潘仁美的原型）率领三路大军北伐，并且派杨业做潘美的副将。

三路大军分路进攻，旗开得胜。潘美、杨业的一路人马出了雁门关，很快就收复了4个州。但是曹彬率领的主力因为孤军深入，后来被辽军杀得大败。宋太宗赶快命令各路宋军撤退。

潘美、杨业接到命令，就领兵掩护4个州的百姓撤退到狼牙村。那时候，辽军已经占领寰州（今山西朔县东），兵势很猛。杨业建议派兵佯攻，吸引住辽军主力，并且派精兵埋伏在退路的要道，以掩护军民撤退。

监军王侁反对杨业的意见，说："我们带了几万精兵，还怕他们？我看我们只管沿着雁门大路，大张旗鼓地行军，也好让敌人见了害怕。"杨业说："现在敌强我弱，这样做一定会失败。"王侁带着嘲笑的口吻说："杨将军不是号称无敌吗？现在在敌人面前畏缩不战，是不是另有打算？"这一句话把杨业激怒了。他说："我并不是怕死，只是看到现在时机不利，怕让兵士们白白丧命。你们一定要打，我可以打头阵。"

主将潘美也支持王侁的主张。杨业无可奈何，只好带领手下人马出发了。临走的时候，他流着眼泪对潘美说："这个仗肯定要失败。我本来想看准时机，痛击敌人，报答国家。现在大家责备我避敌，我不得不先死。"接着，他指着前面的陈家峪（今山西朔县南）对潘美说："希望你们在这个谷口两侧，埋伏好步兵和弓弩手。我兵败之后，退到这里，你们带兵接应，两面夹击，也许有转败为胜的希望。"

杨业出兵没有多远，果然遭到辽军的伏击。杨业虽然英勇，但是辽兵像潮水一样涌上来。杨业拼杀了一阵，抵挡不住，只好一边打一边后退，把辽军引向陈家峪。

到了陈家峪，正是太阳下山的时候。杨业退到谷口，只见两边静悄悄，连宋军的影儿都没有。潘美带领的主力到哪儿去了呢？原来杨业走了以后，潘美也曾经把人马带到陈家峪，等了一天，听不到杨业的消息，王侁认为一定是辽兵退了。他怕让杨业抢了头功，催促潘美把伏兵撤去，离开了陈家峪。等到他们听到杨业兵败，又往另外一条小道逃跑了。

杨业见约定的地点没人接应，万分焦急，只好带领部下转身跟追上来的辽兵展开搏斗。兵士们个个奋勇抵抗，但是辽军越来越多，到了后来，杨业身边只有100多个兵士。他含着泪，高声向兵士说："你们都有自己的父母家小，不要跟我一起死在这里，赶快突围出去，也好让朝廷得知我们的情况。"

兵士们听了这些话，再看看杨业浴血奋战的情景，都感动得流下热泪，没有一个愿意离开杨业。最后，兵士都战死了，杨业的儿子杨延玉和部将王贵也牺牲了。杨业身上受了十几处伤，浑身是血，还来回冲杀，杀伤了几百名敌人。不料一支箭飞来，正射中他的战马，马倒在地下，把他摔了下来。辽兵乘机围了上来，把他俘虏了。

杨业被俘以后，辽将劝他投降。他抬起头叹了口气说："我杨业本来想消灭敌人，报答国家。没想到被奸臣陷害，落得全军覆没。哪还有脸活在世上呢？"他在辽营里绝食了三天三夜而死。

杨业战死的消息传到东京，朝廷上下都为他哀痛叹息。宋太宗丧失了一名勇将，自然也感到难过，把潘美降职处分，王侁革职查办。

杨业死后，他的后代继承了他的事业。他的儿子杨延昭、孙子杨文广在保卫宋朝边境的战争中都立了功。他们一家的英勇事迹受到人们的传颂和赞美。民间流传的杨家将故事，就是根据他们的事迹发展而来的。

许多人说雁门关有一种独特的"性格",那就是昔日的古战场虽然已被荒草所掩盖,但是那荒草间的军魂,不会被覆盖。如今的雁门关烽烟不再弥漫,但人们并没有忘记那些曾在这里付出青春与生命的将士们,他们谱写了一曲曲刚烈的悲歌。

抗日胜地——平型关

平型关修建在海拔 1800 米的平型岭下,地处山西大同灵丘县西南,因其塞形如瓶,被称作"瓶形塞",后演化为今名。

平型关的关城周长 1 公里余,今残高约 6 米,关门坐西朝东,门洞高 4 米,宽 2.7 米,墙厚 2.7 米,城内匾额上书"平型岭"三字。与山海关、雁门关等长城名关一样,属于军事要塞。

平型关是明内长城晋东北要隘,两侧峰峦起伏,陡峭险峻,西连雁门关,东接紫荆关,是内长城内三关与外三关之间的重要关隘,有东跑池、老爷庙等制高点,具有重要的战略地位。明正德六年(公元 1151 年)修筑堡城,经过战争的洗礼和自然条件的作用,现在

已经看不到关楼，而关口以及两侧长城也损坏严重，但如果仔细辨认，还可以看到两侧岭上蜿蜒的明长城。

平型关一带是著名的抗战胜地，平型关大捷被作为抗日战争的经典战例被永久地载入了史册。不过平型关战役的主战场不是在平型关口，而是在关口以东5公里白崖台下的乔沟。

1937年七七事变后，日军大举攻入中国内地。日军占领北平、天津后，分三路向纵深推进。其中一路日军先后占领张家口和大同，随后分两路攻击雁门关和平型关，企图夺取两关，拿下太原。

八路军为配合友军固守雁门关、平型关及长城各口隘，令120师驰援雁门关，115师向平型关急进。1937年9月23日，日军先头部队进抵平型关附近。当年从河北涞源到山西太原的公路正是从乔沟沟底经过，这里是日军前往太原的必经之地。这段公路穿行于峡谷之中，一旦占领两侧高地，路上敌军将无处可逃。115师师长林彪和副师长聂荣臻等决定在平型关至东河南镇公路两侧设伏。

25日零时，115师主力出发了。此时，天公不作美，下起了大雨，引起山洪暴发，一时洪涛咆哮，水深没膝。此时战士们只穿着单军装，又破又烂，经半夜冒雨急行军，被汗雨湿透。晋北9月下旬的夜间气温已很低，寒风吹得人发抖，但英勇的八路军战士彻夜冒雨行进在崎岖的山路上，终于在拂晓前进入阵地。

25日晨5时半左右，敌第一辆汽车进入伏击圈，聂荣臻传令：沉住气，无命令不许开火。等敌后板垣师团第21旅团千余人及汽车、大车300余辆进入伏击圈后，115师某团5连连长曾贤生率全连首先向敌冲杀，用手榴弹炸毁敌人最后一辆汽车。敌阵顿时大乱。八路军两个营乘势向下冲上公路，与敌展开肉搏。日军大炮和骑兵完全失去了作用，他们左冲右突，毫无结果。

激烈的战斗持续到27日白天，敌人终未能冲破包围，敌板垣师团的一个旅遭歼灭性打击。狭长的山沟里，到处可见敌人翻倒的汽车，有的还在冒着烟，汽车上面和附近都是敌人的尸体，有的还挂在汽车挡板上，显然是没来得及下车就被八路军击毙了。公路上，一辆辆汽车满载着弹药、装备、被服、粮食……

平型关战役是八路军开赴抗日前线后的首次胜利，共歼灭日军1000多人，击毁汽车近百辆，缴获轻重武器数百支。平型关大捷是中国共产党领导的八路军第115师打的一个漂亮的歼灭战。这个大捷打破了日军不可战胜的神话，给日军最精锐的部队板垣第5师团第21旅团一部歼灭性打击，增长了中华民族的反侵略志气，打击了日军的侵略气焰。

多年后，聂荣臻元帅写下一首纪念抗日战争胜利40周年的诗作，即那首脍炙人口的《忆平型关大捷》：

集师上寨运良筹，敢举烽烟解国忧。
潇潇夜雨洗兵马，殷殷热血固金瓯。
东渡黄河第一战，威扫敌倭青史流。
常抚皓首忆旧事，夜眺燕北几春秋。

尽显出中华民族不畏强敌，誓死保家卫国的英雄气概。

当年的硝烟早已散尽，历史却长留于人们心中，永不磨灭。平型关也载着民族的记忆，沉淀在国人的心中。

天下第一雄关——嘉峪关

嘉峪关，自古被誉为"天下第一雄关"。它位于甘肃省嘉峪关市向西5公里处。建关前，这里就是丝绸之路的途径地。嘉峪关南起祁连山，北倚嘉峪山和黑山，以建在嘉峪山西麓一个地势险要的岩岗而得名。这里是明代万里长城西端起点,也是明长城西端的第一重关。

嘉峪关始建于明洪武五年(公元1372年),初建时不过是一座6米高的土城,占地2500平方米。经后世不断加固,现存的关城总面积33 500余平方米,比原来的大数倍,成为万里长城沿线最为壮观的关城。清代林则徐因禁烟获罪,被贬新疆,路经嘉峪关,见这关如此雄伟,写下一首《出嘉峪关感赋》,诗中"谁道崤函千古险,回看只见一丸泥"极言嘉峪关的威严和雄伟壮丽。又云:

长城饮马寒宵月,古戍盘雕大漠风。
险是卢龙山海险,东南谁比此关雄。

指出这关真乃"雄关"。

嘉峪关是古代军事建筑的雄伟之作,分内城、外城、瓮城,形成了重城并守之势。城垣上高达三层的柔远门、光化门城楼,飞阁凌空,气势壮观。城内墙垣严整,有敌楼、矢楼、角楼,角楼的楼顶有砖砌的垛口,有高耸的碉堡,远处还有烽火台。

关城周长733米,以内城为主,内城西宽东窄,略呈梯形,周长640米,面积2.5万平方米,城高10.7米,以黄土夯筑而成,西侧以砖包墙,雄伟坚固。内城设东西两门,东为"光化门",意为紫气东升,光华普照;西为"柔远门",意为怀柔致远,安定西陲。门台上建有三层歇山顶式建筑。东门和西门各有一座瓮城围护。瓮城,城楼对称,三层三檐五间式,周围有廊,单檐歇山顶,高17米。在城的四隅有角楼,南墙和北墙中段有敌楼。两门里面各有一条马道,沿着马道可到达城顶。西门外套筑一道凸形城墙,构成一个罗城,这就是外城。外城比内城高2.7米,正中大门额刻"嘉峪关"3个大字。门顶部原有城楼,与东西二楼形制相同,三楼东西成一线,上悬"天下第一雄关"匾额。嘉峪关城墙上还建有箭楼、敌楼、角楼、阁楼、闸门楼共14座。东瓮城外有文昌阁、关帝庙、戏楼，城内靠北有游击衙门府一座，都是清代建筑。

　　嘉峪关建成以来，屡有战事。明代，政府军和吐鲁番兵曾数次在嘉峪关作战。明正德年间（公元1515—1522年），吐鲁番满速尔兵数犯河西。当时嘉峪关只是一座孤城，以致满速尔兵两破关城，并屡掠附近民众牛羊。直到公元1539年，嘉峪关被修筑成一座完整的军事防御工程后，关城锁钥边陲，又有明墙暗壁相合，才真正成为固若金汤的"天下第一雄关"。

　　从马道登城远望，明长城有如游龙，浮动于大漠之中，关城南北，山峦起伏，两翼和东部环绕的长城，以及无数相望的烽火烟墩，牢牢地控锁着方圆百余公里的地区。明代置嘉峪关后，侧重走嘉峪关至哈密间的大道，于是哈密逐渐替代了敦煌的地位，成为中西交

通咽喉。

嘉峪关名声远播，还因为它有着很高的工程质量。一些重要建筑物用砖都精心磨制；城墙的基础勒角，用大石条加砌，整个城垣筑得方大平直，棱线分明，显然修筑时严格掌握着质量标准。据说，筑墙的土也是经过筛选、掺加灰浆和丝麻以增加其黏结能力，然后层层夯筑，直到锄挖不动，锤打不进为止，所以历600多年而依然坚固，其高超的施工技巧和质量为后世留下了许多佳话。

据说当年建关时，匠师计算用料特别精确，最后建成时竟只剩下一块砖。这是建筑工程上的绝招，让人不得不敬佩古代工匠的聪明才智。现在这块砖还存放在西瓮城门展的后楼台上，供人观摩。这块砖又被称为定城砖，是镇关之宝。

相传明正德年间，有一位名叫易开占的修关工匠，精通九九算法，所有建筑，只要经他计算，用工用料十分准确和节省。监督修关的监事官不信，要他计算嘉峪关用砖数量，易开占经过详细计算后说："需要九万九千九百九十九块砖。"监事官依言发砖，并说："如果多出一块或少一块，都要砍掉你的脑袋，罚众工匠劳役三年。"竣工后，只剩下一块砖，放置在西瓮城门楼后檐台上。监事官发觉后大喜，正想借此克扣易开占和众工匠的工钱，谁知易开占不慌不忙地说："那块砖是神仙所放，是定城砖，如果搬动，城楼便会塌掉。"监事官一听，不敢再追究。从此，这块砖就一直被放在原地，谁也不敢搬动。

关城的正门两侧，及瓮城北侧的墙角，投石扣墙角或者两石相击，就能引起像燕子鸣叫一样的声音，因此被称为燕鸣墙。相传，古时有一对燕子筑巢于嘉峪关柔远门内。一日清早，两只燕子飞出嘉峪关。日薄西山的时候，两只燕子归巢，雌燕先飞回来，等到雄燕飞回时，关门刚好被关闭了，不能入关。于是雄燕悲鸣触墙而死。为此，雌燕悲痛欲绝，不时发出"吉""吉"的燕鸣声，也一直悲鸣到死。死后其灵不散，每到有人用石击墙，就发出"吉""吉""吉"的燕鸣声，向人们倾诉着哀怨。

　　古时，人们把能在嘉峪关内听到的燕鸣声视为吉祥的声音。将军出关征战时，夫人就击墙祈祝。后来发展到将士出关前，带着眷属子女，一起到墙角击墙祈祝，以至于后来形成一种风俗，把城埠视为"问命壁"。直到现在，关城内外城埠拐角处，还留有斑斑点点，清晰可见的击石问命的痕迹。新中国成立后，为了保护文物，不允许群众再用石击埠问命，但又要照顾到几百年流传下来的习俗，关城文物管理部门的工作人员搬来一块石头，代替"问命壁"。现在两石相击，仍然发出"吉""吉""吉"的燕鸣之声。随着时间的推移，"击埠问命"逐渐演变成"击石燕鸣"了。这段美丽动听的传说，已经在嘉峪关流传了数百年，至今仍然脍炙人口。其实，燕鸣墙的原理与北京天坛回音壁一样，是高质量的建筑杰作发出的回声。

嘉峪关这座雄关和长城东部的山海关齐名，都是古代建筑工程的光辉例证。

嘉峪关关城依山傍水，扼守南北宽约15公里的峡谷地带，该峡谷南部的讨赖河谷，又构成了关防的天然屏障。嘉峪关附近的烽燧、墩台纵横交错，关城东、西、南、北、东北各路共有墩台66座。嘉峪关地势天成，攻防兼备，与附近的长城、城台、城壕、烽燧等设施构成了严密的军事防御体系。

距嘉峪关城南7公里处，有一处名胜，即万里长城第一墩，俗称"天下第一墩"。从西端算起，万里长城像一条巨龙，穿过沙漠、戈壁，蜿蜒东进，行程万余里，其起点就是天下第一墩。长城第一墩，古称讨赖河墩。公元1539年由肃州兵备道李涵监筑，它是明代万里长城自西向东的第一座墩台，是明代长城的西端起点。墩台北距关城7.5公里，矗立于讨赖河边近56米高的悬崖边上，可谓"险墩"。依托古墩台兴建的文物景区，东临酒泉，西连荒漠，北依嘉

峪，南望祁连。景区包括讨赖河墩、地下谷、观景平台、滑索、吊桥、"醉卧沙场"雕塑群、"中华龙林"等分区。景区以长城文化和丝绸之路文化为内涵，以戈壁风光和西北民俗风情为基础，是一处观光、探险、休闲、娱乐的好去处。距嘉峪关城北8公里处有一壁悬壁长城，明嘉靖十八年（公元1539年）由肃州兵备道李涵监筑。此段长城从关城东闸门边的角墩起，向北延伸至黑山山腰，全长7.5公里。山腰长城约750米，陡峭直长，气势雄伟，垂若悬臂，故有"西部八达岭"之称。

第十章 诗说长城

　　巍然屹立在中国大地上的长城，作为古代军事防御工程，已经完成了它的历史使命。今天，我们看到的是更加宏伟壮观的万里长城，感受到的是更加博大精深的长城文化。

　　长城的存在不仅具有民族历史与建筑美学上的重要意义，而且已成为中华民族的象征。长城的文化内涵已融入了华夏儿女的血液，成为中华文化的一个重要母题。

　　万里长城所蕴含的中华民族文化艺术的内涵十分丰富，除了建筑、雕饰、绘画、音乐等，有着烂若繁星、独树一帜的诗词。古往今来不知有多少帝王将相、文人墨客为长城留下了不朽的诗章，千古传诵不绝。日夜不息的山风里，是否能听见那遥远的胡笳和悠悠的羌笛？曾照关山的明月，如今依然向大地洒下清辉。时光使古人的身影依稀远去，只留下了这不老的荒山和残垣断壁供人们凭吊……

　　还有那些丰富多彩、生动鲜活的传说，不经意间你走过的每一处城墙或者某一块青砖，也许就述说着一个古老的故事，它们是劳动人民智慧与力量的体现，更是长城文化的重要组成部分。

胡风夜夜吹边月

胡笳十八拍（节选）

冰霜凛凛兮身苦寒，饥对肉酪兮不能餐。
夜闻陇水兮声呜咽，朝见长城兮路杳漫。
追思往日兮行李难，六拍悲来兮欲罢弹。
…………
城头烽火不曾灭，疆场征战何时歇？
杀气朝朝冲塞门，胡风夜夜吹边月。
故乡隔兮音尘绝，哭无声兮气将咽。
一生辛苦兮缘别离，十拍悲深兮泪成血。
…………

《胡笳十八拍》是一篇长达 1297 字的骚体叙事诗，是才女蔡文姬所作。《胡笳十八拍》是古乐府琴曲歌辞。胡笳是汉代流行于塞北和西域的一种管乐器，其音悲凉。"十八拍"，乐曲即十八乐章，在歌辞也就是十八段辞，以上节选的是第六拍和第十拍。

蔡文姬，大约生于公元 174 年，约卒于公元 239 年，名蔡琰，原字昭姬，晋时避司马昭讳，改字文姬，东汉末年陈留圉（今河南开封杞县）人，东汉大文学家蔡邕的女儿，是中国历史上著名的文学家，代表作有《胡笳十八拍》《悲愤诗》。她的父亲蔡邕（蔡伯喈）是当时大名鼎鼎的文学家和书法家，还精于天文数理，妙解音律，是曹操的挚友和老师。生在这样的家庭，蔡文姬自小耳濡目染，既博学能文，又善诗赋和音律。

多才多艺的蔡文姬一生命运坎坷，饱经离乱。蔡文姬在十几岁时嫁到河东卫家，她的丈夫卫仲道是个出色的才子。可惜好景不长，不到一年，卫仲道便染病去世了。因为还没有子女，蔡文姬只得回到家中。东汉末年，天下大乱，关中地区又发生李傕、郭汜的混战，长安一带的百姓四处逃难，蔡文姬也随着难民到处流亡。此时，匈奴部队趁机攻入长城以南，在中原地区四处掳掠百姓。有一天，蔡文姬正遇上匈奴的骑兵，于是被他们掠去。匈奴兵见她年轻貌美，就把她献给了匈奴的左贤王。蔡文姬在无奈之下做了左贤王的夫人。

蔡文姬饱尝了异乡异俗生活的痛苦，在南匈奴一住就是12年，并生下了两个儿子。虽然逐渐习惯了匈奴的生活，并学会当地的语言，但她还是十分想念故国。一旦见到从中原来的人，她都会迫切地打听家乡的消息。

此时，曹操已经统一了北方，南匈奴跟汉朝的关系和好了。曹操想起了已经死去的朋友蔡邕的女儿还留在南匈奴，于是派使者带重金来到匈奴，要赎回蔡文姬。左贤王当然舍不得把蔡文姬放走，但又不好违抗曹操的意志，只能同意让蔡文姬回去，但孩子不能被带走。蔡文姬终于可以回到日夜想念的故国了，但作为一位母亲，她又要面对与亲生骨肉的分离。在这种"嗟别稚子兮会无因"的心碎中，写下了著名诗歌《胡笳十八拍》。这种别离之情，别离之痛，一直陪伴着她。她离开胡地，重入长安。

这就是历史上著名的"文姬归汉"的故事。后人不但感叹文姬的才学，更对她的经历充满了同情。蔡文姬不但是一位才女，从她离开胡地时对两个孩子的难舍难分，痛失骨肉后的哀怨无穷可以看出，她也是一个具有慈母之爱的传统美德的女性。她的这一段遭遇有着强烈的悲剧性。同时，蔡文姬富于民族的感情，始终眷恋着生养她的那片热土。作为一个弱女子，处身异国，在被纳为王妃、生有二子、备受荣宠（第十一拍中有"胡人宠我兮有二子"）的情况下，矢志归国，这与西汉时苏武被匈奴流放到北海牧羊长达19年而不改民族气节的行为，有很大的共同点。

饮马长城窟行

饮马长城窟行

饮马长城窟，水寒伤马骨。
往谓长城吏，慎莫稽留太原卒！
官作自有程，举筑谐汝声！
男儿宁当格斗死，何能怫郁筑长城。
长城何连连，连连三千里。
边城多健少，内舍多寡妇。
作书与内舍，便嫁莫留住。
善待新姑嫜，时时念我故夫子！
报书往边地，君今出语一何鄙？
身在祸难中，何为稽留他家子？
生男慎莫举，生女哺用脯。
君独不见长城下，死人骸骨相撑拄。
结发行事君，慊慊心意关。
明知边地苦，贱妾何能久自全？

作者陈琳，生年不详，卒于公元217年，字孔璋，广陵射阳（今江苏省扬州市宝应县射阳湖镇）人。东汉末年著名文学家，与孔融、王粲、徐干、阮瑀、应场、刘桢合称"建安七子"。

本诗可分为三层，第一层为1—8句，写筑城役卒与长城吏的对话：

"饮马长城窟，水寒伤马骨。"让马饮水，只得到那长城下山石间的泉眼，可那里的水是那么的冰冷，以致都伤及到了马的骨头。

"往谓长城吏，慎莫稽留太原卒！"一位筑城役卒跑去对监修长城的官吏恳求说：你们千万不要长时间地滞留我们这些来自太原的役卒啊！

"官作自有程，举筑谐汝声！"监修长城的官吏说：官府的工程自有一定的期限，哪能由你们说了算！赶紧拿起工具，大家一齐唱打夯的号子，尽力干活去吧！

"男儿宁当格斗死，何能怫郁筑长城。"筑城役卒心里想：男子汉大丈夫，宁愿上战场在与敌人的厮杀中为国捐躯，怎么能够满怀郁闷地一天天地修筑长城呢？

第二层为9—12句，属承上启下的过渡段：

"长城何连连，连连三千里。"长城啊长城，是那么的蜿蜒曲折，它一直连绵了三千里远。

"边城多健少，内舍多寡妇。"边城多的是健壮的年轻男人，家中大多只剩下独居的女人了。

第三层为13—20句，写筑城役卒与妻子的书信对话：

"作书与内舍，便嫁莫留住。"这位筑城役卒写信给在家的妻子说：你赶紧趁年轻改嫁吧，不必留在家里等了。

"善待新姑嫜，时时念我故夫子！"你要好好服侍新的公公婆婆，也要时时想念着原来的丈夫啊！

"报书往边地，君今出语一何鄙？"妻子在送往边地的信中说：你这时候还说出这么浅薄的话来？

"身在祸难中，何为稽留他家子？"筑城役卒回信说：我自己处在祸难当中，也许今生我们再也没有团圆的可能了，为什么要去拖累别人家的女儿呢？

"生男慎莫举，生女哺用脯。"将来如果你生了男孩，千万不要去养育他；如果生下女孩，就用肉精心地抚养她吧！

"君独不见长城下，死人骸骨相撑拄。"你难道没看见长城的下面，死人尸骨累累，重重叠叠地相互支撑着，堆积在一块吗？

"结发行事君，慊慊心意关。"妻子回信说：我自从结婚嫁给你，就一直伺候着你，对你身在边地，心里虽然充满了哀怨，可时时牵挂着你啊!

"明知边地苦,贱妾何能久自全?"现在我明明知道在边地筑城是那么的艰苦,我又怎么能够自私地图谋长久地保全自己呢?

这首诗用乐府旧题,以秦代统治者驱使百姓修筑长城的史实为背景,通过筑城役卒夫妻的对话,揭露了无休止的徭役给人民带来的深重灾难。诗中用书信往返的对话形式,揭示了男女主人公的内心世界和他们彼此间的深深牵挂,语言简洁生动,真挚感人。

边塞诗情

凉州词

黄河远上白云间,一片孤城万仞山。

羌笛何须怨杨柳,春风不度玉门关。

作者王之涣(公元688—742年),盛唐时期的诗人,字季凌,并州(今山西太原)人。豪放不羁,常击剑悲歌,其诗多被当时乐工制曲歌唱,名动一时,常与高适、王昌龄等相唱和,以善于描写边塞风光著称,代表作有《登鹳雀楼》《凉州词》等。

"凉州词",凉州歌的唱词,这是一首雄浑苍凉的边塞诗,是一幅西北边疆壮美风光的画卷,又是一首对出征将士满怀同情的怨歌,二者统一于短短的4句诗中,引人遐想,耐人寻味。全诗句句精彩,情景交融,妙绝千古。诗人目光是自近及远,展现了黄河扶摇远上的一种壮美奇观。流露于字里行间的是展示边地广漠壮阔的风光,烘托边地的荒凉、偏僻、险峻和戍边条件之艰苦,表现的是企盼早日结束战乱。

玉门关是丝绸之路通往西域北道的咽喉要隘,设立于汉武帝时。秦汉以来,好战的匈奴对汉民族威胁很大。汉武帝时,对匈奴发动了大规模的军事反击。元狩二年（公元前121年），骠骑将军霍去病率兵西征，沉重打击了匈奴右部。同年，分河西为武威、酒泉两郡。元鼎六年（公元前111年），又增设张掖、敦煌两郡，同时建玉门关和阳关。从此，玉门关和阳关就成为西汉王朝设在河西走廊西部的重要关隘。当时玉门关，驼铃悠悠，人喊马嘶，商队络绎，使者往来，一派繁荣景象。但令人遗憾的是，由于经历了千年沧桑，玉门关与阳关在魏晋南北朝以后就逐渐湮废了，这两位名关的遗址究竟在哪里，学者们多是见仁见智，言人人殊，只能根据考古与历史文献的研究，进行推测与考证，一般认为玉门关遗址位于敦煌城西北9万米处戈壁滩中小方盘城。而且玉门关在不同朝代，位置也有所不同，所以有学者认为，王之涣的《凉州词》与李白的《关山月》中所提到的玉门关，位置在今天的瓜州县内，而不是敦煌境内的两汉玉门关。

玉门关是汉朝通往西域最重要的门户之一，于是，就有了班超的"臣不敢望到酒泉郡，但愿生入玉门关"的期待；有了王昌龄的"青海长云暗雪山，孤城遥望玉门关"的惆怅；有了李白的"长风几万里，吹度玉门关"的豪情；有了岑参的"玉门关城迥且孤，黄沙万里百草枯"的凄凉。玉门关带着远去的辉煌记忆在黄沙大漠中承载了无尽的苍凉。

送元二使安西

渭城朝雨浥轻尘，客舍青青柳色新。
劝君更尽一杯酒，西出阳关无故人。

作者王维（公元701—761年），字摩诘，祖籍山西祁县。唐朝诗人，王维多才多艺，诗书画都很有名，具有音乐天赋，精通佛学，受禅宗影响很大，有"诗佛"之称。

王维这位姓元的友人奉命前往安西,王维在渭城送别。因"柳"字与"留"谐音,古人有折柳惜别的习俗。

　　诗中提到的阳关,位于丝绸之路上古代西北边境的重要关隘。古人使西域,走到泾水流域的常常要在位于今咸阳东北的渭城停留,送行的亲朋就此止步,在此设宴或赋诗,最后折下柳枝依依惜别。在《全唐诗》中带有"阳关"一词的诗篇,有近50首,而使阳关名扬千古的,正是王维的这首脍炙人口的《送元二使安西》(又名《渭城曲》),以及这首诗入乐后形成的《阳关三叠》曲。因为有了它们的流传,在今人的心目中,唐代的西域边塞一直耸立着这座巍峨的古老关塞。

　　为什么叫"西出阳关",这和玉门关相对,因为先设玉门关,后设阳关,阳关是在玉门关之南,故称阳关(古人以山的南面、水的北岸称为阳)。阳关在汉、魏晋、唐等史料中多次被提及,晋和北魏时在此设立阳关县,唐代在龙勒设置寿昌县,此时的阳关还在通行,诗人岑参有"二年领公事,两度过阳关"的诗句,玄奘从印度回国时就是走丝路南道,东入阳关返回长安的。五代时,后晋高居诲的《使于阗记》中有"敦煌县南十里鸣沙山,又东南十里三危山,乃西渡部乡河至阳关是也"的记述。可渐渐的,阳关这个赫赫有名的历史雄关竟消失在史料之中,至于阳关的遗迹位置,也一度成了历史之谜。

　　离敦煌南湖不远有一片叫"古董滩"的沙漠,一度被认为是阳关旧址。这里地处大漠深处,每当大风过后,就会有许多金、银和古代文物露出地面,如汉代的五铢钱、唐代的开元通宝、货泉通宝等古代货币,还有铜制带钩、陶瓷碎片、石磨、陶盅和铁制工具,以及来自西域的五色料珠、琥珀珠之类的装饰品。于是当地人称这片沙滩为"古董滩"。在古董滩随手捡到古代钱币、兵器、装饰品等并不稀奇,所以当地人一度有"进了古董滩,空手不回还"的说法。

沙滩上为什么会有这么多古董呢？在当地流传着这样一个故事：相传唐天子为了和西域于阗国保持友好和睦关系，将一位宗室的公主嫁给了于阗国王。皇帝下嫁公主，自然带了很多嫁妆，金银珠宝，应有尽有。送亲队伍带着嫁妆，经长途跋涉，来到了阳关，便在此地歇息休整，做好出关准备。不料，夜里狂风大作，黄沙四起，天黑地暗。这风一直刮了七天七夜。等到风沙停了之后，城镇、村庄、田园、送亲的队伍和嫁妆全部被埋在沙丘下，从此，这里便荒芜了。天长日久，大风刮起，流沙移动，沙丘下的东西露出地面，被人们捡拾。所以在当地曾经有一个特殊的习俗，就是每年的正月初七，逛完了庙会的老百姓，都会骑着骆驼来古董滩捡古董。

可古董滩只有遗物却没有遗址，因此难以被确定为阳关旧址。1972年考古专家从古董滩出发，向西翻越十几道沙梁，发现了大面积的版筑遗址。经考古队挖掘，这里房基排列整齐而清晰，面积约上万平方米，还有断断续续宽厚的城堡墙基，并发现了汉唐陶片、砖石瓦块等文物。同时还发现了其他文物，以及耕地、水渠等遗址。考古学家根据文献初步断定，这里应是古阳关遗址。

在墩墩山顶，有一座饱经风霜的烽火台，它被人们称为"阳关耳目"。今天到这里来的人们，往往会把它错当成阳关，其实这里只是阳关的一个制高点。设在了平川上的阳关，除了把住水源，还建立了军事御敌报警系统。

古代的重要关隘一般都建在险要地势上，那么，又是什么原因让阳关建在了这片荒漠之中？阳关在这儿设关，一个是它在交通要道上，第二个就是邻水而设，沙漠之中把水就是把关。因为有了大漠戈壁间的这一片绿洲，让阳关凭借着水源，发挥了"一夫当关，万人莫开"的神威，而对于在沙漠上长途跋涉的人来说，看到阳关就等于看到了一线生机。

昔日的阳关，是一个军事、经济、生活的要塞，是一个繁荣的城市。这个地方除农业以外，可能手工业还是比较发达的。为充实敦煌郡，汉武帝几次从内地移民于此。这些移民不仅为保卫、开发敦煌提供了人力，还带来了内地先进的生产技术和文化。而今天，展现在人们眼前的古阳关已是面目全非，甚至无法看清楚它的规模了。

阳关为什么会隐去，据推测是由于自然条件的变化。历代战争和大规模的开荒屯垦，破坏了这里的植被和水源，从而造成来自南方的风沙逐渐向东北侵移。人们抵挡不住风沙的侵袭，只好离开这块世居的绿地，向东撤移。大约在宋、辽之后，当阳关人全部撤离之后不久，阳关就被流沙吞没了。

使至塞上

单车欲问边，属国过居延。
征蓬出汉塞，归雁入胡天。
大漠孤烟直，长河落日圆。
萧关逢候骑，都护在燕然。

《使至塞上》是诗人王维于唐开元二十五年（公元737年）奉命赴边疆慰问将士途中所作的一首纪行诗，记述出使途中所见所感。诗人以传神的笔墨刻画了奇特壮美的塞外风光。"大漠孤烟直，长河落日圆"两句，笔力苍劲，意境雄浑，视野开阔，被后人赞为"千古壮观"的名句。

诗中的单车：指一辆车，这里形容轻车简从。问边：到边塞去察看，指慰问守卫边疆的官兵。属国：大唐的附属国。居延：地名，汉代称居延泽，唐代称居延海，在今内蒙古额济纳旗北境，有学者认为此句是写唐王朝边塞的辽阔，附属国直到居延以外。征蓬：飘飞的蓬草。胡天：胡地的上空，这里是指唐军占领的北方地方。烟：

烽烟,传送军情的狼烟,也指大风在沙漠卷起的扶摇直上的尘烟。长河:黄河。候骑:等候迎接的骑兵。都护:唐代边疆设有都护府,其长官称都护,这里指敌前统帅。燕然:燕然山,即今蒙古国杭爱山,这里代指前线。

诗中所说的萧关,为古代西北边地著名关隘。秦汉帝王出巡,汉唐文人出塞,都与萧关有缘。不过对于萧关的具体方位,学术界有多种说法,但在宁夏固原县东南这一大略方位是没有争议的。一般认为是三关口以北、古瓦亭峡以南的一段险要峡谷,有泾水相伴。秦代萧关遗址位于甘肃庆阳环县城北。汉代的萧关原本位于今宁夏固原市东南。北宋时,政府为了防御西夏,又在汉代萧关故址以北200里,重筑萧关,位置是今宁夏同心县南。

自战国、秦汉以来,萧关故道一直是关中与北方的军事、经济、文化交往的主要通道。战国秦长城由西而东,横跨环江,越过萧关故道,沿河设塞,筑城建关,建在此交叉点上的萧关,即是在长城上建的关口,也是长城史上最早的关口之一,战略位置极为重要。萧关故道亦是丝绸之路的一部分,对于陇右人民安居乐业、发展经济、交流文化、繁荣商贸、方便交通皆起了极其重要的作用。如果说长城是中华文化史上一条极为重要的文化带,那么,萧关就是这一文化带上璀璨的一环。

枪竿岭

饮马长城下,水寒风萧萧。
游子在绝漠,仰望浮云飘。
前登枪竿岭,冈岭郁岧峣。
崩崖断车辙,层梯入云霄。
幽奄构绝壁,微径纡山腰。
人行在木末,日落闻鸣啁。

履险力疲苶，凭高思飘摇。

何当脱羁鞅，归种南山苗。

作者乃贤，元代诗人，生卒年不详。字易之，号河朔外史，合鲁（葛逻禄）部人。合鲁部人东迁，散居各地，乃贤家族先居南阳（今属河南）。后其兄入仕江浙，他随之迁居四明（治今浙江宁波）。乃贤淡泊名利，退居四明山水之间，与名士诗文唱酬。

诗中所说的枪竿岭，即长安岭，是唐代长城遗址。乃贤的这首诗的题注写道："山腰长城遗址尚存。"据记载，这段长城为唐代大臣张说带领兵士、民夫所建造。《新唐书·地理志》载：妫州北90里有长城，开元中中书令张说筑。《通典》中说：妫川郡，北至张说所筑长城90里，西北至新长城为界380里，东北至98里长城为界。妫川今理怀戎县。按妫川郡治怀戎县，即妫州，在今旧怀来县城，城北80里，即今长安岭。长城自长安岭向东西修筑，西北至新长城380里，东北至新长城98里，这是沿妫川郡北界筑的长城，总长约480里，是为了防御北方少数民族奚、霫、契丹的入侵。

边词

十八盘山去路赊，顺川流水落南涯。

真凭一堵边墙土，画去乾坤作两家？

作者徐渭（公元1521—1593年），浙江绍兴人，明代文学家、书画家。

在明代，蒙古族经常向南进攻。明王朝为了防御蒙古铁骑，花费巨大人力物力修复长城。直到俺答晚年受明封为顺义王，其子嗣也与明维持较好的关系，明王朝与蒙古族间再未发生大规模的流血冲突，这对发展蒙汉人民之间的感情，具有重要的历史意义。

徐渭晚年曾两度北游长城边境：一次在神宗万历四年（公元1576年），应其青年时代朋友、宣府巡抚吴兑之邀，为他做幕僚；一次在4年后，应北京附近马水口守将李如松（辽东大将李成梁之子）之邀前往做客。在两次游历中，他写下了《边词》《上谷边词》等数十首边塞诗，描述了所看到的经过长期战争之后的和平景象。

诗中，十八盘山：指山高。赊：长，远。南涯：南面的水边。乾坤：指天地、世界。

本诗是面对长城而发的感慨。十八盘山远远向北延伸，山谷中的流水却向南奔泻，可见自然原是浑然一体的，只是人为的"边墙"把世界分割成绝不相通的两块地域。作者用反诘的诗句指出长城内外本是一家。

徐渭就眼前景象随意抒写，却给读者以很深的感想。歌颂和平，是人们心中真正的愿望，历史也终究要走向和平。随着历史的发展，长城渐渐失去它作为边防工事的作用，已成为一个历史的遗迹。

清平乐·六盘山

天高云淡，望断南飞雁。不到长城非好汉，屈指行程二万。

六盘山上高峰，红旗漫卷西风。今日长缨在手，何时缚住苍龙？

作者毛泽东（1893—1976年），湖南湘潭人，中国革命家、诗人，中国共产党、中国人民解放军和中华人民共和国的主要缔造者和领袖，毛泽东思想的主要创立者。

1936年9月中旬，毛泽东率领中央红军进入甘肃南部，10月上旬突破敌人的封锁，打垮敌人的骑兵部队，胜利越过六盘山，10月21日到达陕甘宁边区。

六盘山在宁夏南部固原县西南，是六盘山山脉的主峰。这里山路险要狭窄，经盘道六重才能到达峰顶。诗人登上六盘山主峰，面对西部的高天白云，清朗秋气，凝望阵阵南飞的大雁，一抒胸中情怀，以闲远欢欣之气眺望又要开始的新的征程。

　　上阕一开始，诗人从眺望远景起笔，西部秋景开阔，长空高朗，抹抹闲云轻漾，北雁在阵阵南飞，仿佛带走了诗人对过去南方生活及革命斗争的回忆及爱恋，接着"不到长城非好汉，屈指行程二万"。从爽朗、舒畅之秋心转入豪迈的吟咏，二万五千里长征已在脚下，长城之关口已经到达，使人充满幸福与自豪之情。

　　长城是中华民族的象征，犹如长征也成了中华民族的奋斗精神一样，诗人在此以古"长城"二字融入了当代生活的精髓，并以此来形容英雄好汉战胜逆境乃区区小事。

　　下阕，诗人将目光收到近处，高山之巅，红旗猎猎，红军将士在秋天的山峰间盘旋向前。接着诗人抒发出胸中壮怀，表达出坚信取得最后的胜利的豪迈之情。

　　此诗写景抒情工整分明，流转自然，情景交织，浑然一体，自然俊逸，是毛泽东诗词中的一篇名作。

孟姜女哭长城的传说

　　在关于长城的传说中，孟姜女的故事最为人熟悉。

　　相传在秦朝时，有个善良美丽的女子，名叫孟姜女。一天，她正在自家的院子里做家务，突然发现葡萄架下藏了一个人，吓了她一大跳，正要叫喊，只见那个人连连摆手，恳求道："别喊别喊，救救我吧！我叫范喜良，是来逃难的。"原来秦始皇为了造长城，正到处抓人做劳工，已经饿死、累死了不知多少人。孟姜女救了范喜良，见他知书达理，眉清目秀，于是对他产生了爱慕之情，而范喜良也喜欢上了孟姜女。心意相通的两个人在征得了父母的同意后，准备结为夫妻。

成亲那天，孟家张灯结彩，宾客满堂，一派喜气洋洋的情景。然而，在他们小夫妻新婚三天的夜里，忽然听见鸡飞狗叫，随后闯进来一队恶狠狠的官兵，不容分说，用铁链一锁，硬把范喜良抓到长城去做工了。孟姜女只得掉着眼泪，日夜思念着丈夫。

这一去是凶多吉少，孟姜女不安地在家中苦苦地盼着，可是音信皆无。眼看天越来越寒冷，孟姜女实在放心不下。她想：我与其坐在家里着急，还不如自己到长城去找他。于是孟姜女一连几夜为丈夫赶做寒衣，要亲自去长城寻找丈夫。

孟姜女打整了行装，踏上了行程。她一直向正北走，穿过一道道的山，越过一道道的水。一路上，也不知经历了多少风霜雨雪，跋涉过多少险山恶水，孟姜女终于到了长城脚下。孟姜女看到许多被抓来的民夫正在长官的皮鞭抽打下艰苦地劳动，心里十分难过。她急切地想见到自己的丈夫，却望不见他的踪影。最后，她鼓起勇气，向一队正要上工的民夫询问："你们这儿有个范喜良吗？"民夫说："有这么个人。"孟姜女一听，心中高兴万分。她连忙再问："他在哪儿呢？"民夫说："已经死了，尸首都已经填在城脚了！"

猛地听到这个噩耗，好

似晴天霹雳，孟姜女一阵心酸，伤心地哭起来。伤心的孟姜女整整哭了三天三夜，哭得天昏地暗，连天地都感动了，天越来越阴沉，风越来越猛烈，只听"轰隆"一声，一段长城被哭倒了，露出来的正是范喜良的尸骨，孟姜女的眼泪滴在了他的尸骨上。她终于见到了自己心爱的丈夫，然而他却因为不堪重负的劳累而死去了。

秦始皇听说城墙倒了一段，非常震怒。可当他见到孟姜女时，不禁被她的美貌吸引，想娶她为妃。悲愤的孟姜女提出了三个条件，每个条件都做到才能嫁给秦始皇：一要秦始皇为范喜良用檀木棺椁装殓，并立碑、修坟；二要他为范喜良戴孝，并率领着文武百官哭着送葬；三要陪孟姜女乘船到海上出游。求美心切的秦始皇——照办，而孟姜女却在乘船出游时跳入了大海！

"孟姜女哭长城"的故事，作为中国古代四大爱情传奇之一（其他三个是"牛郎织女""梁山伯与祝英台""白蛇传"），千百年来一直广为流传。孟姜女的传说一直以口头传承的方式在民间传播，以至于形成了多个版本。

一些人认为，孟姜女哭长城的故事纯属虚构，因为传说中的故事发生在今天的山海关一带，而山海关长城修建于秦朝以后，秦始皇时代修筑的长城距山海关北去数百里。既然当时此地并无长城，哭长城之事自然是子虚乌有。

而一些学者考证后认为，孟姜女哭长城的故事是随着历代时势和风俗不断变化而变异的。最早的传说可上溯到《左传》：齐庄公四年（公元前550年），齐伐卫、晋，回师攻莒时齐大夫杞梁战死。杞梁妻迎丧于郊，相传她哭夫10日，城墙为之崩塌。后世以讹传讹，把杞梁妻说成是秦始皇时代的人，演绎出哭长城的故事。战国时，齐都盛行哭调，杞梁（后演化为范喜良、万喜良）战死而妻迎柩，便是悲剧的素材；到了西汉，盛行阴阳五行、天人感应之说，杞梁妻的悲苦便造成了城崩山裂的感应；至六朝、隋唐年间，乐府中有送衣之曲，于是又增添了送寒衣的内容。可见，孟姜女哭长城的故事，是在长期的文化演变中逐渐丰富起来的。

修筑长城是历代封建王朝各种劳役中最为残酷、最具代表性的一项劳役，从战国至明清，近两千年漫长的岁月中，长城屡修屡补，强征了无数的民夫，任何时候都可能产生像孟姜女那样的遭遇。因此，孟姜女和范喜良，是劳动人民在承受无限度的劳役中塑造出来的两个典型人物，集中表现了千百万下层百姓被劳役逼得家破人亡、妻离子散。动人的哭长城故事，是对封建统治阶级暴虐行为的控诉，也是对被奴役者不畏强暴、坚贞不屈精神的歌颂。

玉门关的由来

玉门关是汉武帝时所建，这里是古代中国通往西域的重要交通要道，从西域输入和田玉石就从此入关，因此得名玉门关。不过，在民间关于玉门关的得名却有着另一个有趣的传说：

古时候，在甘肃小方城西面，有个驿站叫"马迷兔"，又叫"马迷途"。商队从边陲于阗运玉到中原都要经过此地。这里的地形十分复杂：沼泽遍布、沟壑纵横、森林蔽日、杂草丛生。每当运玉石的商队赶上酷热天气上路时，为避免白天人、畜中暑，总是喜欢晚上凉快了赶路。因此，每当马队走到这里，总是一片黑暗，辨不清方向，就连经常往返于此路的老马也会晕头转向，难以识途。"马迷途"的名字就是这样叫起来的。

有一支专贩玉石和丝绸的商队，常年奔波于这条路上，也常常在"马迷途"迷失方向。有一次商队刚进入"马迷途"就迷路了。人们正在焦急万分之际，忽然不远处落下一只孤雁。商队中一个小伙子悄悄地把大雁抓住，心地善良的他，把它抱在怀里，准备带出"马迷途"后再放掉。不一会儿，只见大雁流着眼泪对小伙子咕噜咕噜地叫着。小伙子听后恍然大悟，知道大雁是因为饿得飞不动才掉队的，便立即拿出自己的干粮和水让大雁吃。大雁吃饱以后，呼地飞上天空，不断盘旋，领着商队走出了"马迷途"，顺利地到达了目的地——小方盘城。

过了一段时间，这支商队在"马迷途"又迷失了方向。那只大雁又飞来在空中叫着说出人语："咕噜咕噜，商队迷路，咕噜咕噜，方盘镶玉。"边叫边飞，又引着商队走出了迷途。只有那只救大雁的小伙子听懂了大雁的话语，并转告商队的首领说："大雁叫我们在小方盘城上镶上一块夜光墨绿玉的玉石，以后商队有了目标，就再也不会迷路了。"首领听后，心里一盘算，一块夜光墨绿玉要值几千两银子，实在舍不得，就没有答应。

没想到下一次商队又在"马迷途"迷了路，数天找不到水源，骆驼干渴地喘着粗气，人人嘴干舌燥，口渴得寸步难行，生命危在旦夕。正在此时，那只大雁又飞来了，并在上空叫道："商队迷路，方盘镶玉，不舍墨玉绝不引路。"小伙子听罢急忙转告给首领，首领慌了手脚，忙问小伙子到底应该怎么办才好。小伙子说："你赶快跪下向大雁起誓：'一定镶玉，绝不食言。'"首领马上照小伙子说的，跪着向大雁起誓。大雁听后，在空中旋转片刻，把商队又一次引出了"马迷途"，商队得救了。到达小方盘城后，首领再也不敢爱财了，立刻挑了一块最大最好的夜光墨绿玉，镶在关楼的顶端。每当夜幕降临之际，这块玉便发出耀眼的光芒，方圆数十里之外看得清清楚楚，过往商队有了目标，再也不迷路了。从此，小方盘城就改名"玉门关"。

"五桂头"与"五鬼头"

在居庸关北，有一原名叫"乱柴沟"的地方，十分险要，是把守八达岭的重要关口。

据传，明代燕王扫北，曾带几十万大兵，一路攻城破寨，所向披靡，拿下了几十座雄关大镇并过了居庸关，可唯有"乱柴沟"这道关口怎么也攻不破。燕王朱棣很焦急，也很恼火，但就是没有想到破城的办法。一晃数月过去了，几十万大军轮番进攻，坚城仍岿然不动。正在燕王无计可施的时候，有人建议说："居庸关附近的火家庄有火氏五兄弟，善射火炮，可派人请来助战。"燕王听后非常高兴，派人带礼物前去聘请。可谁知只过了半天，派去的人便带着礼物回来了。燕王问："怎么回事儿？"来人说："火氏五兄弟不愿参战，除非燕王亲自去。"燕王没有别的办法，只得亲自带上重金再请。

火氏兄弟说："我们都是种田的农民，本不愿卷入这场战争，除非燕王答应坐了江山以后不滥杀无辜，我们才能助战。"

燕王说："原来就为这个，我得江山后决不杀掳降臣和百姓！"火氏五兄弟听了，这才放下心来，带上火炮、炸药等工具到"乱柴沟"助战。火氏兄弟果然名不虚传，架上火炮，点上炸药，对准目标就开炮了。颗颗炮弹准确地落进敌营。坚如铁壁的防线被炮火轰开了。只半天工夫，久困居庸关的几十万大军，就迅速攻下"乱柴沟"。燕王大军乘胜追击，紧接着又拿下八达岭，把元军赶出关外。

后来燕王真的做了皇帝，回想起"乱柴沟"一战，自己几十万大军都攻不破，火氏五兄弟只用火炮就打开了，将来他们要造反，用火炮攻打我大明怎么办。他越想越觉得火氏五兄弟留不得，于是便传下密令，把火氏五兄弟暗害了。

火氏五兄弟打下"乱柴沟"，帮燕王取得了天下，本是大功一件，不封功嘉奖反被燕王妄加罪名杀害。这使得百姓非常不满，都认为燕王忘恩负义，过河拆桥。怨恨之声传到燕王耳朵里，他非常害怕，为了消除民怨，赶紧拟了一道圣旨，封火氏五兄弟为火神，并在关沟令工匠建了一座"五鬼头财神庙",以享世代香火。

后来,人们觉得"鬼"字不好听,便改成了"桂"字,成了现在的"五桂头"。现在这个地方是京张铁路旧线的一个山洞,在洞口的岩壁上还刻着"五桂头"3个大字。

嘉峪关的故事

民间流传着许多关于嘉峪关的传说,其中"冰道运石"的故事非常有趣。

传说当初在修建嘉峪关长城时,需要成千上万块长2米、宽0.5米、厚0.3米的石条。工匠们在黑山将石条凿好后,不仅人抬不起,车拉不动,且山高路远,无法运输。大伙儿边凿石条边发愁,眼看隆冬季节就要到了,石条还没有从山里运出一块,若要耽误工期,没有工钱是小,这脑袋可就难保了。大家正在长吁短叹时,忽然山顶一声闷雷,从白云中飘下一幅锦绸,众工匠赶紧接住,只见上面若隐若现有几行字。大家看后恍然大悟,按其行事。等到冬季到来后,众人从山上往关城修一条路,在路面上泼水,让其结成一条冰道,然后把石条放在冰道上滑行运输,结果非常顺利地把石条运到了嘉峪关城下,不但没有延误工期,反而节省了不少时间。众工匠为了感谢上苍的护佑,在关城附近修建庙宇,供奉神位。此后该地便成为工匠出师后必须参拜的地方。

嘉峪关城墙高数米,在城墙之上还要修建数十座大小不同的楼阁和众多的垛墙,用砖数量之大是非常惊人的。当时,施工条件很差,没有吊运设备,全靠人工搬运。而当时修关城所用的砖,都是在40里以外的地方烧制而成的。砖烧好后,用牛车拉到关城之下,再用人工往上背。由于城高,唯一能上下的道路坡度大,上下很困难,尽管派了许多人往城墙上背砖,但背上去的砖却仍然供不应求,工程进展受到了严重影响。

一天，一个放羊的孩子来到这里放羊玩耍，看到这个情景，灵机一动，解下腰带，两头各捆上一块砖，搭在山羊身上，然后，用手拍一下羊背，身子轻巧的山羊，驮着砖一溜小跑就爬上了城墙。人们看了又惊又喜，纷纷仿效。大量的砖头很快就被运上了城墙。

媳妇楼

位于河北秦皇岛的山海关一带，流传着这样一首民歌："长城年久故事多，块块砖石有传说，老人常话'媳妇楼'，山风悲壮唱赞歌。""媳妇楼"是长城关隘上敌楼的名字。在山海关至抚宁县境内的长城有几处"媳妇楼"。提起董家口长城的"媳妇楼"，当地流传着这样一段动人的故事。

明代时，戚继光从福建奉调北方防守蓟镇，为了加强守备，从山东、浙江等地招来一批新军。其中有一个名叫吴三虎的年轻人，小伙子长得虎背熊腰，十八般武艺样样精通，很受将士们的喜爱。

吴三虎祖籍山东，自幼父母双亡，被一位姓王的江湖艺人收留。三虎跟着师傅闯荡江湖，练就了一身功夫。师傅膝下有一爱女，名叫王秀英，自幼随父练武，也有一副好身手。三虎自从被师傅收为徒后，手脚勤快，聪明好学。姑娘看在眼里，久而久之不由对三虎产生了爱慕之情。师傅见他们十分投和，心里也很高兴。

这年中秋前，戚继光派人招募新军。吴三虎对戚继光重整河山、大练三军的宏图大志早有所闻，很想趁此机会投军从戎，为国立功。三虎把自己的想法跟秀英一说，很快传到师傅的耳中。师傅不动声色，暗备酒食果品，这天晚上喊了女儿和三虎入座。趁着酒兴，老人把话挑明："常言道，男大当婚女大当嫁。咱穷门小户，卖艺为生，请不起三媒六证。趁今天中秋佳节，为父做主，想成全你们的婚事，也算了却老夫的一桩心事。"

三虎与秀英早有情义，听了这话，自然暗自欣喜。其实，师傅却另有自己的打算：三虎想投军从戎，报效国家，很有出息。可他毕竟跟随自己多年，这要远离而去，万一有个闪失怎么办？再说，他与女儿爱慕已久，这一别又何年何月再回到家乡？不如即刻让他们成亲，这样一来，儿女情长难以割舍，三虎自然舍不得远去，等招募新军的日期一过他想去也晚了。

谁想，第二天一早，三虎已打点好行装。师傅自知不能阻拦，只得殷切叮嘱一番。一家人洒泪分别。

三虎随新军一起来到边关。领头的得知他有一身好武艺，便极力保举他留在董家口（今抚宁县驻操营镇）烽火台当台头。董家口是山海关关城的北翼要塞，是沟通关内外的交通枢纽。三虎深知责任重大，习武练兵，不敢懈怠。

再说妻子王秀英，自三虎走后，依然随父闯荡江湖。这一年，她的父亲突然一病不起。一天，他把女儿叫到床头，气息微弱地对女儿说："孩子，爹眼看将不久于人世，我过世后，你去边关寻找三虎吧！"说罢就闭上了眼睛。秀英安葬了父亲后，不顾路途遥遥，历经千辛万苦，一路打听着，走了两个多月，终于寻到董家口。夫妻相见，悲喜交集。

这天夜晚，就在三虎与妻子共叙离别之情时，突然门外有哨兵来报，董家口关有敌人骑兵趁夜来袭。吴三虎赶紧抄起兵器朝长城奔去。天黑得伸手不见五指，秋风夹着冷雨，烽火台上的信号发不出去，情况万分紧急。吴三虎提起火把朝烽火台奔去。他要尽快把敌人来袭的消息发出去，否则，董家口关就有可能被攻破，后果将不堪设想。吴三虎飞奔着，但火把却引起了敌人的注意。一支冷箭"嗖"地射来，吴三虎倒下了。一直挂念着丈夫的王秀英，一见火把突然倒下了，便不顾一切地跑了过去。她哭着扶起三虎，可三虎却说："不要管我，快去帮哨兵点燃烽火，不然董家口关被攻破，敌人就打进来啦！"王秀英只得抄起火把，飞身朝烽火台奔去。

信号终于发出去了，戚家军望见熊熊烽火，立即赶来救援。敌军偷袭失败，但当王秀英回来抢救吴三虎时，他已经失血过多为国捐躯了。戚继光听说了他们的事迹后十分感动，下令奖赏王秀英白银千两。谁知王秀英不要奖赏，而向将军提出一个请求：允许她参军，夜替壮士缝，昼为英雄炊，死入丈夫茔，生助雄关威。为了明志，王秀英把自己的名字改为"王学兰"，决心以花木兰为榜样，为国尽忠。

见这名女子如此刚烈，戚继光答应了她的请求，并派人招来一些女兵，让她们和王学兰一起守卫吴三虎牺牲的那座敌楼。戚继光还挥毫写下"忠义报国"4个大字送给王学兰。后来，王学兰叫人将这4个字镌刻在敌楼的石门上，以此鞭策、激励自己。六百年来，这座敌楼一直被人们称作"媳妇楼"。

"媳妇楼"就是坐落在董家口村北山上的87号敌楼，是一座与众不同的敌楼，处处留有女兵居住过的痕迹。前、后门上镌刻着的"忠义""报国"4字依然十分清晰。射口用雕刻过的石头对在一起呈花形，非常漂亮。一楼顶部有一个圆洞，据说是女兵从这里往楼上吊东西用的。"媳妇楼"的最大特点就是楼门雕有各色各样的花纹，充分表明了守边将士对安定美好生活的憧憬。除这里外，拿子峪、小河峪长城也有"媳妇楼"，还有在黄崖关附近也有座"寡妇楼"，都有着相似的传说。这些遗址保存较为完好，成为长城旅游文化的重要内容。

赤木口的传说

人们常说"贺兰山，顶着天"。中国的各个大山中，没有一座像贺兰山那样长时间处于战争的状态中。明朝时，来自贺兰山西侧、北侧的鞑靼在贺兰山地区开始了和明朝的较量,导致明朝政府在宁夏北部大规模修筑长城,并在宁夏建立了总镇、卫、千户所、屯堡等一套完整而严密的军事防御系统。贺兰山上的明长城见证了鞑靼和明朝军队持续180多年的军事纷争。

贺兰山绵延500里,明朝时沿山关隘大口30多处,小口十几处,可以通步兵、骑兵的有50多处,是内蒙古阿拉善进入宁夏的咽喉要道,其中有座赤木口更为险要。明嘉靖年间,经都御史杨守礼与总兵官任杰奏请,朝廷调拨了专款4万两白银修筑贺兰山各隘口。杨守礼还曾写过《赤木口》诗:"晓登赤木口,万壑怒生风。良马犹惊险,衰身欲堕空。筹边不计苦,净虏岂言功。沙里三杯酒,出山见月东。"可见当时的环境是十分艰苦的。

任杰是赤木口工程的监工官,他一到任就率领人马前来勘察地形,只见山口处遍地砾石和黄沙,看不到壤土。抬头看到一段古城墙连接着陡峭的悬崖。他带人走近仔细观看,原来这座墙是用风化的碎石黄沙和壤土筑造而成的。任杰十分不解:古城上的壤土又来自何处呢?没有土,自己负责的工程怎么能完工呢?他带人在附近找来找去,不见一滴水、一捧黄土,不禁发起愁来。

夜晚,任杰坐在营帐内翻阅史书,查看关于这一带水土的记载。正看着,手下来报,有一老汉要见总兵大人。任杰放下手中的书,吩咐传老人进来。

不大一会儿,一位老汉走进营帐,跪倒在地说:"大人在上,小民拜见大人。"任杰问:"你为何深夜来见本官,难道有什么冤屈要本官为你做主?"

老汉回答说:"小民申冤已无用了,我家祖辈已变成了黄土。听我父辈传说,早年我家先祖太爷与许多民夫被抓来这里,修筑这条长城,最后他们都死在了这悬崖之下。"任杰不解地问:"既然不求本官申冤,深夜至此,为了何事?"老汉说:"听说大人正在为筑长城的事而忧虑，所以我愿为大人筑城献计献策。"

任杰听说老人是来为筑城出主意的，心中非常高兴，连忙吩咐赐座，并问："不知你有什么良策？"老汉说："当年修筑长城的监工官杨仁克扣粮饷，逼迫民工，让这些忍饥挨饿、衣不遮体的民工将山峰劈成峭壁。人们称这里为'赤壁'，给关口取名为'赤木口'。不知多少民工因饥饿无力而摔死在悬崖之下。幸免于难的民工们将仇恨记在了心底，终于在一个狂风大作的夜晚，偷偷摸进营帐，把监工官杀死了。如今听说大人重来修筑边墙，您是为官清廉的好官，请念民夫艰辛，不要克扣粮饷，长城是不愁修不起来的。"

任杰说："本官绝非贪赃枉法之辈，奉旨修筑长城，乃是保家卫国之举，决无中饱私囊之心！"老人笑着说："这样太好了。不过无水无泥，是难以施工的。""这里满山都是碎石，什么地方有水有土，请速告本官！"任杰有些急切地说。老汉回答道："这满山的碎石是早年死难民夫的白骨风化，大人可命兵丁遍刨山崖，必会得到壤土。关口东北20里处有一座'金塔'，塔下有水，若大人真心为国为民，金塔一定会献出水来。到那时，有水有土，大人可率领民夫将骨化的碎石与天降的黄沙相拌，依险要的山势筑造城墙，这样省工省料，又可提前完工，民夫们也好早日与家人团聚。如若大人口是心非，想得到一滴水、一捧土都是不可能的。"老人说罢，飘然远去。

次日清晨，任杰率众兵士遍刨山崖，果然发现了几处壤土。任杰大喜，又立刻赶到东北方向20里处，发现真的有一座高塔屹立在这里。任杰喜不自胜，面对金塔，深施一礼，虔诚地说道："塔神有灵，我任杰率领众兵士民夫前来赤木口修筑长城，保家卫国，求塔神赐神水筑关。"话音刚落，只见金塔变成了一条金龙腾空而起，塔下一眼清澈的泉水喷涌奔流。任杰赶紧命人做水车百辆，每天运水和泥，并按照老人的话，依自然走向的山势筑城建台。这样一来果然省工省料，又易守难攻。

赤木口就这样被建好了，这一段神奇的故事也在民间广为流传。

罗城上的印模砖

在"天下第一关"山海关的外侧，有座城外城，叫作东罗城，是山海关关城的外围防御卫城。其建城用砖模印有"万历十二年真定营造""万历十二年滦州造"等11种铭文，虽经几百年风雨侵蚀，仍清晰可辨，因此被评定为价值非常高的文物城。

据考证，这些铭文均是当年筑城单位的名称与印模的年号。我国筑城的年代久，城池多，但是，类似东罗城这样满城满墙留下如此繁多印模的，还是十分少见的，而这里还有一个传说故事。

当年，戚继光坐镇蓟州十几年，受到边地军民爱戴。但有一个人却忌妒在心，一心想陷害戚继光，好使自己当上蓟州镇的总兵元帅。这个人正是戚继光的一个部下，名叫杨四畏。万历年间，朝廷听信了杨四畏的坏话，将戚继光调到边远的广东去。杨四畏小人得志，到山海关去显威风。他到山海关时，看到士兵和民夫正在按照戚继光多年筑城的办法，分段施工修筑东罗城，十分生气，于是下了一道军令："修筑罗城，混合施工，明年修完，逾期者斩。"他想让修城者军不军，民不民，管理出现混乱后延误工期，再以此为由治罪。

军令传到工地后，修城的军民十分生气，正苦于没有对策的时候，一位老兵站了出来，说："咱们给他来个将计就计，明着混合施工，暗地分段用砖，砖打印模，修筑城墙，这样还是按戚大帅的主意筑了城，又把戚大帅的功劳流传千古！"

就这样，德州营的、建昌营的、乐亭县的、抚宁县的等所有参与筑城的单位的名称都印到了城砖上。等到第二年东罗城修筑完工后，杨四畏前来验收，看到满墙都是印模，但因朝廷有令，不得拆除城墙上的砖，当即便气得害了一场大病，不久就死了。

东罗城至今仍保存着较完整的明代城防风貌。1980年，国家文物局曾将东罗城上带有铭文的城墙砖送往美国芝加哥国际博览会上展出，受到了高度评价。现在在东罗城，经常会看到有慕名而来的文物爱好者，在城墙上找寻铭文进行拓印。

二郎神赶羊

司马台长城东端高入云端的山上，有一座望京楼，坐落在1000米高的山顶上，楼的两侧是悬崖峭壁。人只能从石缝中攀登而上。据说当年修筑时，为了运条石，死伤了许多人，但条石仍运不上去。此事感动了玉皇大帝，玉皇大帝立即派他的外甥二郎神去运石。当晚，二郎神来到山下，见到成堆的条石堆放在那里，随即将他的神刀一晃，立刻变成赶山鞭。他手挥赶山鞭向条石上抽打，同时喊声"变"，只见那一块块条石，马上变成一只只大山羊，直奔山顶。到山顶后他数了数，不多不少，正好够用，二郎神十分高兴。恰逢此时，一个士兵出帐小解，忽然看见二郎神赶羊，惊叫一声就往回跑。二郎神听到有人喊叫，也吃了一惊，一不小心将几十块条石踢下山去，落在东面的山坳里。二郎神随即腾身返回天宫。

就这样，修筑望京楼的条石就缺了几十块。现在登上望京楼时，会看到楼底十二层奠基条石中有五层是碎石块垒砌的。而那些被二郎神踢下山去的条石，仍然躺在山坳里。当地人称此山坳为条石坳。

传说归传说，那些几百斤重的条石如何能弄上千米高峰的呢？还是民众的智慧和力量最令人惊叹。

"秃尾巴边"长城的传说

慕田峪长城,似一条舞动翻飞的银蛇,一直往西延伸,突然,一段长约1000多米的长城从一座敌楼处分出,像条尾巴一样,另辟途径摆向东南,沿山而上,在山势断绝处戛然而止。这里,形成了三段长城汇于一楼的景观,像极了成语"画蛇添足"中所描摹的情景。这条多出来的"足"被人们称之为"秃尾巴边长城",好似一段"多此一举"的长城,可是它真的是多此一举的吗?古人为什么要修筑这么一段长城呢?这其中也有着传说故事。

一种传说是,当年负责修筑"秃尾巴边"的官员姓蔡,加修这段长城是为了加强慕田峪关隘的防守,可以预防腹背受敌。谁知这竟然成为小人向皇帝谗言的口实。皇帝传旨以耗费民膏之罪将这位官员就地斩首。行刑后,尸体立而不倒,在场的人大为惊奇。后来经考证,"秃尾巴边"对防守慕田峪具有重要的军事战略意义,皇帝才痛惜冤杀了忠良。

另外一种传说仍然与戚继光有关。戚继光担任蓟镇总兵一职时,引起朝内一些小人的嫉妒,他们诬告戚继光利用职务之便私贪银两。万历皇帝听信谗言,罢免了戚继光。但是长城的建设还在继续,朝廷不得不继续留用戚继光手下的能工巧匠。他们深受戚继光的影响,非常正直。考虑到在嘉靖二十九年(公元1550年)庚戌之变时,蒙古族首领俺答汗曾从黄榆沟绕道突入,从背后袭击扼守在今密云县古北口的明朝守军,从而攻破长城直逼北京城,工匠们打算在慕田峪长城建设中向外加修一段长城。在向朝廷上报方案和预算时，因主事官索要贿赂，工匠们非常气恼，加以拒绝，致使方案未获批准。因此那段向外延伸的长城也就成了今天的"秃尾巴边"。

究竟"秃尾巴边"是怎样留下的，还有待后人考证。

万年灰与燕京城

传说在战国时，燕国为了保住国土，燕王就征用了民夫，在他的国土边境山顶上筑起高高的城墙，以防外敌入侵。

那时还没有石灰，燕国筑的城墙，石、砖都是用泥抹的。为了抢时间，早日修好城墙，燕王下令冬天也不停工。天冷，和泥要用热水，因此，民夫们就把大铁锅抬到工地上，用三块石头支起来，添柴烧开水。天长日久，铁锅被烧了个大窟窿，满锅的水全漏光了，把锅下的火浇灭了。可民夫们也意外地发现，水洒在支锅的石头上，热石头遇到水就炸开了，炸出许多白色的粉末。民夫们觉得十分奇怪。有工匠试着把这些粉末用水一和，觉得比泥还细腻，还有黏性，就把它抹在石条和砖缝里。第二天，民夫们发现，用那些石头粉末抹的石条和砖缝，要比用泥抹的结实得多。于是燕国人得到了启发，从此，就通过烧石制灰来抹城墙缝。

后来，秦始皇统一了中国，也仿照燕王的办法兴工修起了万里长城。动工时，他下了一道旨令，让原来的燕国人包揽烧石灰的活儿。因此，那时修长城所用的石灰，全是燕国人烧的。长城修到哪儿，就在哪里的山坡上烧灰，而且烧的灰质量非常好，被后人称为"万年灰"，意思是万年不变质。

长城修完后，别的民夫各回各地。因燕国人烧灰有功，秦始皇又拨下金银，建了个城镇，专供燕国人居住。传说这城镇的位置就是现在的北京，那时叫燕京。燕国人烧灰用过石头的山统称为燕山山脉。